La Cultura

1562

W0210330

DELLA STESSA AUTRICE

Elogio dell'ospitalità

Priya Basil

Come diventare femminista

Traduzione di Alessandra Castellazzi

ilSaggiatore

© Suhrkamp Verlag Berlin 2021
All rights reserved by and controlled through Suhrkamp Verlag Berlin

© il Saggiatore S.r.l., Milano 2022

Titolo della prima edizione: *Im Wir und Jetzt. Feministin werden*
Titolo inglese originale: *In Us and Now. Becoming Feminist*

Sommario

Come diventare femminista

a te

Lotta

Anche parlare è una forma d'azione.

Hannah Arendt

Donne che dicono: non mi farò zittire. Donne che dicono: è stato il mio patrigno. Donne che dicono: ti credo. Donne che dicono: è stato mio fratello. Donne che dicono: mi vergognavo troppo per parlare. Donne che dicono: è stato il mio capo. Donne che dicono: non l'ho mai raccontato a nessuno perché credevo fosse colpa mia. Donne che dicono: anch'io. Donne che dicono: avevo nove, quattordici, venti, trentasei, cinquantacinque, settant'anni quando è successo. Donne che dicono: temevo che non mi avrebbe creduto nessuno. Donne che dicono: non volevo creare scompiglio. Donne che dicono: nemmeno io. Donne che dicono: mi rifiuto di essere una vittima. Donne che dicono: sembra non finire mai. Donne che dicono: sto con te.

Ve lo racconterò quando sarete cresciute, diceva mia nonna Mumji a me e mia sorella da ragazzine. La sua rivelazione, avvolta in un mistero minaccioso e seducente, si stagliava davanti a noi come un abito ancora troppo grande. Non sapevo che cosa ci avrebbe raccontato di preciso, ma sapevo che era una cosa brutta. Lo intuivo dal modo in cui si lamentava, ininterrottamente, di com'era stata difficile la sua vita, com'era stata ingiusta. I dettagli mi spaventavano, ma la assillavo per saperli. Raccontami *ora*, dicevo. Lei scuoteva la testa e arricciava le labbra come trattenendo le parole contro la sua volontà, proteggendoci da qualcosa per cui, a passi lenti e silenziosi, ci stava preparando.

Che cos'è femminista? Sempre più spesso mi trovo a confrontarmi con questa domanda. Accumulo definizioni, elaboro interpretazioni, indugio ai crocevia. Ma la domanda resta: che cos'è femminista? Cambio idea, incespico tra le contraddizioni, mi aggrappo alle mie invenzioni. Che cos'è femminista? Ho centinaia di risposte e nessuna, perché non riesco ad abbracciarne soltanto una.

Non ho mai sentito la parola femminista crescendo in Kenya negli anni ottanta, né a casa né a scuola. Per la comunità indiana, il milieu a cui apparteneva la mia famiglia e dove è perlopiù rimasta, il genere era strettamente binario; i ruoli impersonati dall'una e dall'altra parte erano rigidi e prefissati. Chiunque non si conformasse allo stampo eteronormativo suscitava sospetto. La gente diceva: quella donna è un cattivo esempio. Diceva: quell'uomo non è del tutto a posto. Diceva: quella è matta. Diceva: meglio tenersi alla larga. Si parlava in bisbigli pettegoli, recriminatori, delle donne nubili o divorziate, che bevevano alcolici o si facevano degli amanti, che gestivano una propria attività o viaggiavano da sole, che criticavano apertamente il comportamento di certi uomini. Così non si fa, diceva la gente. Ben poco si parlava, invece, delle donne che si adeguavano alla tanto desiderata rispettabilità del conformismo, ma venivano regolarmente tradite dai mariti, picchiate da partner o familiari, maltrattate psicologicamente o sfruttate, ostacolate e ferite – a volte persino uccise.

Ogni volta che escono nuovi studi sull'entità della violenza di genere nel mondo, i giornali titolano che la violenza sulle donne «ha raggiunto livelli preoccupanti». Dicono: è «a livelli epidemici». Dicono: è «una pandemia globale». Dicono: è una calamità. Dicono: sette donne su dieci subiscono violenza fisica e/o sessuale nella loro vita. Dicono: il rischio di stupro e di violenza domestica per le donne tra i quindici e i quarantaquattro anni, in tutto al mondo, è superiore a quello di cancro, incidenti stradali, guerra e malaria messi insieme.

Queste parole, questi dati, si applicano a quasi ogni società; ma molti amano ancora credere che il sessismo riguardi altre popolazioni e altre culture – o almeno, le riguardi *maggiormente*, come se i pessimi comportamenti altrui giustificassero i propri. Le parole, i dati si applicano ovunque, ma non hanno indotto nessuna società ad affrontare con franchezza e serietà, a tutti i livelli, la violenza inflitta alle donne. Una violenza già di per sé nociva, che però in molti casi si somma alla vergogna debilitante di aver subito un trattamento simile e, quindi, alla paura di parlarne.

Non ricordo quanti anni avessi quando Mumji diventò più esplicita sull'accaduto. Forse perché, in un certo senso, l'avevo sempre saputo, i dettagli non cambiavano quella conoscenza primordiale che mi aveva accompagnata fin dalla nascita, che mi aveva pervaso di un'ansia diffusa fin da subito. Quando una pandemia di nome Coronavirus ha costretto i paesi di tutto il mondo a chiudersi, isolando molte persone in quell'unità piccola e definita reverenzialmente «famiglia», le Nazioni Unite, così come altri corpi nazionali e internazionali che studiano la violenza sulle donne, hanno cominciato a parlare di una pandemia «ombra» o «doppia». Dicevano: stimiamo un aumento del 20% della violenza, in una media di tre mesi di lockdown, in tutti i 193 stati membri delle Nazioni Unite.

Se le donne «si fidassero del sistema giuridico e gli uomini temessero davvero le conseguenze e la vergogna di un comportamento scorretto» dice l'avvocata britannica Helena Kennedy, «non ci sarebbero denunce anonime». A suo parere, un movimento come il #MeToo è «una forma di disobbedienza civile», una «risposta al fallimento della legge». Conoscenza primordiale: ereditata, intuita e poi re-imparata, confermata e riconfermata persino negli ambienti all'apparenza più tranquilli... dalla distanza tenuta dai corpi, dagli sguardi scambiati o evitati, dalle espressioni che rivelano quel che la lingua non osa.

Raggiungere l'emancipazione attraverso l'empatia: era questo l'obiettivo dell'attivista per i diritti civili Tarana

Burke, quando nel 2006 lanciò la campagna MeToo per le vittime di violenza sessuale. Undici anni dopo, l'attrice Alyssa Milano trasformò quelle parole in un hashtag e le twittò, sperando che le reazioni delle donne «comunicassero la reale portata del problema». L'hashtag diventò virale: in un anno fu usato più di 19 milioni di volte soltanto su Twitter. Negli Stati Uniti, in un anno, almeno 414 manager di alto profilo in diversi settori furono denunciati dal movimento #MeToo: tra questi, 190 furono licenziati o si dimisero. È allettante dire che finalmente la gente si sta accorgendo della reale portata del problema, ma poi senti le reazioni di molti quando una donna denuncia un'aggressione; dalla Russia all'Indonesia, dalla Francia al Kenya, dicono: cosa ci facevi lì? Dicono: com'eri vestita? Dicono: com'è che non ti sei ribellata o non sei scappata?

Perché allora le donne non *se ne vanno e basta*? Molti fattori – dipendenza, paura, vergogna, trauma, speranza in un cambiamento, dubbi legittimi sulla capacità e la disponibilità delle forze dell'ordine ad aiutare – possono trattenerle fisicamente. Però spesso molte donne se ne vanno in altri modi: si chiudono in se stesse, fanno muro, scivolano nella dipendenza, riscrivono la realtà per poterla sopportare; fughe che le allontanano da una vera via d'uscita.

Alcune donne non lasciano il proprio aggressore, ma tutte lasciano indizi – intenzionali, casuali – su cosa è accaduto o sta accadendo. Indizi che famiglia, amici, colleghi, vicini e in molti paesi persino la polizia sono riluttanti a vedere, figuriamoci intervenire.

Un sondaggio europeo dice: spesso le donne inventano o esagerano le accuse di abuso o di stupro, sei d'accordo oppure no? Il sondaggio non dice: spesso gli uomini contestano o rinnegano le accuse di abuso o di stupro, sei d'accordo oppure no? È importante la scelta e la formulazione delle domande, sei d'accordo oppure no?

Il 22% delle risposte al sondaggio – cioè più di una persona su cinque nell'Unione Europea – ritiene che le donne spesso inventino accuse di abusi o di stupro. Questa è solo una manifestazione indiretta di quella che la filosofa Kate Manne definisce «himpathy»: l'empatia eccessiva e ingiustificata spesso riservata agli uomini potenti (ma non soltanto) in caso di aggressione sessuale, violenza domestica, femminicidio e altri comportamenti misogini.

La reticenza di Mumji si allentò nel corso degli anni, fino a sparire completamente. Una volta cresciuta pareva non volermi risparmiare nulla. Un giorno avrei pensato: non dirmelo. E poi, molto più tardi – dopo aver sentito e ri-ri-risentito la sua storia – un giorno avrei chiesto: non dirmelo. E poi, molto dopo ancora – adesso – un giorno avrei provato a capire che cosa avesse detto e taciuto in realtà: a quale scopo, a vantaggio di chi. Malgrado io abbia sentito la storia di Mumji molte volte, malgrado i nomi si siano incisi nella memoria, da questa distanza mi accorgo che il racconto rimane sfocato; capisco di aver raccolto molti indizi attraverso allusioni e commenti obliqui, come se fosse troppo difficile per lei, troppo rischioso, parlare dell'accaduto in modo diretto. A vent'anni scoprii una cosa che non mi aveva mai detto, un fatto che mise tutto a fuoco, pur sfocandolo di nuovo: da adolescente Mumji aveva avuto una breve storia d'amore, era rimasta incinta e aveva partorito una bambina che era rimasta in famiglia – senza che Mumji la riconoscesse mai pubblicamente come sua figlia. Perché? Era ancora intrappolata in vecchie usanze, temeva di essere screditata su tutti i fronti? Col tempo mi accorsi che nella mia famiglia vigeva la stessa reticenza sulla libertà sessuale, sul desiderio e sul piacere, come sugli abusi sessuali. Ma la giovane me – innamorata di quella donna esuberante, che parlava sopra agli altri e si imponeva ovunque andasse, la persona più sfrontata che avessi mai conosciuto – era sconvolta e lusingata, confusa e sedotta dalle confidenze di Mumji. Non sapevo che fare delle sue rivelazioni, cosa significassero nel mio rapporto con lei, con me stessa, con mia madre, con le altre donne, con gli uomini; quelli che mi circondavano e quelli che avrei conosciuto.

«Non ti stupro perché non te lo meriti» dice un uomo che è presidente del Brasile. «È un periodo davvero spaventoso per i giovani uomini (in America), possono essere incolpati di cose che non hanno mai commesso... bisogna negare, negare, negare e contrattaccare le donne» dice un uomo che è presidente degli Stati Uniti. Incoraggiati da questi tizi, altri uomini dicono: se davvero fosse successo, la donna avrebbe denunciato subito alla polizia. Uomini che dicono: non sembrava contraria. Uomini che vedono i risultati dell'esame medico con i danni riportati dalla vittima e dicono: be', sai, forse le piaceva violento. Non stupisce allora che molte donne, rifacendosi al #MeToo, dicono: quante sopravvissute devono condividere il loro trauma prima che la violenza sessuale sia presa sul serio? Donne che dicono: lo capite che una vita potrebbe non bastare per guarire? Donne che dicono: quanto ancora dovremo combattere questa battaglia? Donne che dicono: cambierà qualcosa?

Ci sono così tante battaglie, così tanti modi di combattere.

Mumji era rumorosa. Sua figlia, mia madre, era silenziosa. Mumji era tutta tragedia, mia madre tutta grazia. Mumji rievocava il passato, dicendo: è stato un inferno vivente, nessuno ha patito quel che ho patito io. Mia madre, raccontando con riluttanza il proprio passato, diceva: non è stato così brutto. Mumji non sapeva quando fermarsi, mia madre esitava su come iniziare. Mumji un minuto rideva, quello dopo piangeva; o viceversa. Mia madre manteneva il contegno o stava per conto suo. Mumji era alla buona, mia madre perfezionista. Mumji è rimasta sposata, mia madre ha divorziato. L'amore di Mumji era autoritario, esigente, deformante. L'amore di mia madre era (troppo?) altruista, accondiscendente, preservante.

Mi muovevo tra questi poli sapendo che scorreva la tensione, persino correnti di ribrezzo. Vedevo come l'una si rimpicciolíva o ingrandiva in presenza dell'altra. La loro lotta era diversa ma uguale. Mumji parlava e parlava. Mia madre non rivelava nulla a nessuno, nemmeno a me e a mia sorella, quando ormai era evidente da molti anni che qualcosa non andava. Avevo quasi vent'anni quando cominciò a parlare – ero grande, pensavo, pronta a tutto – ma mentre parlava la mia prontezza svanì. D'un tratto non ero più abbastanza grande. Volevo che si fermasse, perché era troppo difficile ascoltare. All'improvviso tutte le implicazioni e le complicazioni che ero riuscita ad accantonare nel racconto allusivo di Mumji si amplificarono e moltiplicarono, diventando impossibili da ignorare. Come sarei stata io – nei suoi confronti, nei miei, in quelli di Mumji, delle altre donne, degli uomini? Non capivo che questa domanda sarebbe rimasta, alcuni frammenti sarebbero avvampati in diverse fasi della mia vita, esigendo continue negoziazioni e trasformazioni.

«Non so che effetto fa non perdere...» dice lo scrittore Thomas Page McBee al suo allenatore nel memoir *Amateur*, la storia di come sia diventato il primo uomo trans a combattere un incontro di boxe dilettantistico al Madison Square Garden di New York. McBee vuole credere nella possibilità di un risultato diverso anche quando la sconfitta sembra inevitabile, a prescindere da quanto combatti.

È il mio stesso dilemma: non so che effetto faccia non perdere, dal momento che in tutto il mondo uomini razzisti e misogini, fascisti e fanatici religiosi, giocano con i nostri diritti e sembrano vincere. L'allenatore di McBee gli risponde soltanto: «Chi può dirlo, l'incontro è ancora aperto». Questa è la natura del combattimento, insinua: il risultato può ribaltarsi in qualunque momento. È un pensiero confortante per un incontro di boxe con un numero di round prestabilito, ma ben poco galvanizzante per me, che mi domando come posso evitare di darmela a gambe e assestare invece colpi nella lotta femminista, uno scontro senza fine. Una lotta i cui risultati riecheggiano per generazioni. Una lotta diventata apertamente scorretta negli ultimi tempi, perché dobbiamo scontrarci con avversari che giocano spudoratamente alle loro regole. Uomini che giocano, non ascoltano mai. Uomini che giocano, non si arrendono mai, non smettono mai di mentire. Uomini che giocano, non mostrano mai debolezza. Uomini che giocano, non si scusano mai. Uomini che giocano, non smettono mai di attaccare. Uomini che fanno i loro giochetti davanti a folle di uomini esultanti – e donne.

La scrittrice Jacqueline Rose dice: «non tutti gli uomini sono una categoria contrapposta a tutte le donne [...] perché non tutti gli uomini sono uomini. Cioè non tutti gli uomini incarnano il genere di mascolinità che presumibilmente dovrebbero incarnare».

Che cosa rende un uomo, *uomo*?

Sempre ragione lui, diceva Mumji. *Lui* stava per tutti gli uomini. Parlava come se fossero tutti uguali. Ne deduco che per lei la virilità fosse una certa prerogativa, la pretesa di essere nel giusto. Ben prima che mi «raccontasse» qualcosa, capivo che il mugugno *sempre ragione lui* racchiudeva il significato opposto. Intendeva: non ne ha la più pallida idea, eppure è sicurissimo di sé. Il suo sdegno elettrizzava la brava ragazza educata a piegarsi sempre all'autorità, un affare quasi esclusivamente maschile nel nostro ambiente dell'epoca. Mumji ha instillato in me il primo prezioso dubbio sul fatto che la parola dell'autorità non fosse necessariamente infallibile. Chissà se aveva previsto che un giorno anche lei vi sarebbe rientrata. Sempre ragione lui. Quanto odiava Mumji l'atteggiamento di inscalfibile sicurezza dei più potenti; eppure, l'assunse anche lei. Forse le si addiceva caratterialmente. Forse credeva che solo una lotta ad armi pari fosse possibile. Forse non vedeva nessun'altra modalità di resistenza.

«Sei fortunata» mi disse un indovino quando avevo diciassette anni, «incontrerai un uomo gentile e la sua gentilezza ti cambierà la vita». Gentile? pensai avvilita, pur avendo deciso di non credere alle profezie. Tra le qualità del mio uomo ideale non figurava l'aggettivo *gentile*. Per quel che mi riguardava all'epoca, la gentilezza era virtù di nonne, sante e infermiere.

Che cosa rende un uomo, *un vero uomo*? Volontà di combattere, riluttanza a esprimere il dubbio, bisogno di vincere, abilità di sopraffare concorrono ancora alla nostra idea di virilità. Un modello che Thomas Page McBee ha scoperto con sgomento di voler emulare, dopo aver fatto la transizione a uomo. Prima, nel suo corpo di donna, aveva detestato il modello di iper-mascolinità. A cosa era dovuto il cambiamento? Agli ormoni? No. Il leggendario testosterone, la presunta origine dell'aggressività maschile, nulla può senza gli steroidi del pensiero sessista, nulla è senza l'iniezione proteica della mascolinità performativa. Sono soprattutto le supposizioni degli uomini sul suo conto, le aspettative delle donne e, in primis, le proprie idee di genere ereditate a motivare McBee. Sojourner Truth dice: è la mente che fa il corpo. Da uomo McBee si accorge «dell'effetto ammutolente della mia voce in una riunione; delle supposizioni infondate sulla mia competenza; del mio potere, del mio potenziale». Nota anche, tristemente, che di notte le donne attraversano la strada per non incrociarlo. È turbato da quell'associazione implicita tra il suo corpo e una potenziale violenza. Al tempo stesso è contento di tenere testa alla presenza assertiva degli altri uomini, nonostante alcuni ancora lo terrorizzino. McBee combatte, perde e abbandona la boxe. Nel frattempo riflette su come abitare il proprio corpo di uomo bianco, su come vivere quel corpo in modo più consapevole e rispettoso, con tutto il potere e il privilegio che ne derivano. Dopo le rivelazioni su Harvey Weinstein, una collega confida a McBee di «aver respinto per anni le avance degli uomini sul lavoro pensando che fossero normali, anche se sapeva che non era così. Ha detto che persino lei non credeva a se stessa». «Ti credo» dice subito lui.

Molti altri uomini credono. Uomini che hanno reagito al #MeToo dicendo: #HowIWillChange. Uomini che dicono: non è facile parlare quindi per favore ascoltate, prendete atto e accettate. Uomini che dicono: non so quel che vale da un uomo gay ma #MeToo. Uomini che riconoscono il proprio privilegio storico e decidono che è ora di spartirlo.

Molti uomini sono incerti, insicuri. Uomini che dicono: ci stanno tagliano fuori, ormai le donne si rivolgono l'una all'altra per tutto. Uomini che dicono: sento che non esiste più una netta distinzione tra avance innocue e molestie, quindi meglio starmene nel mio. Uomini che dicono: non potete avere tutto, non potete rivendicare l'uguaglianza e poi tenere incontri pubblici / talk show / eventi dove ci sono solo o soprattutto donne (nemmeno, la domanda sorge spontanea, per discutere di argomenti che riguardano l'essere donna?).

Molto uomini trasudano falsa empatia. Uomini che dicono: è brutto anche per noi, pensate che un uomo non soffra sapendo che nel mondo avvengono stupri? Uomini che dicono: *prima le signore* tenendo aperta la porta, però bloccano risolutamente l'accesso alle donne negli spazi di potere reale. Uomini che sorridono alle interlocutrici negli incontri pubblici, parlano per un buon quarto d'ora inframezzato da non voglio dilungarmi troppo quindi riassumerò in breve; che dicono voglio davvero conoscere il tuo punto di vista… ma lasciami aggiungere un'ultima cosa. Uomini che dicono: *anch'io sono femminista,* fregiandosi di questa posizione in pubblico – assumendo più donne, finanziando progetti dedicati alle questioni femminili, posando come #HeForShe – mentre in privato continuano a fare battute sessiste, vessano le donne e le trattano come oggetti preposti soprattutto alla loro celebrazione e gratificazione sessuale.

Molti uomini sono rancorosi. Uomini che fanno tintinnare i bicchieri alle feste, brindando ai bei tempi andati. Uomini che dicono: le donne fanno sempre le vittime, ma le vere vittime siamo noi. Uomini che dicono: una bella sculacciata non ha mai fatto male a nessuno. Per questi uomini, il #MeToo sembra una minaccia alla tolleranza sessuale.

Anche alcune donne hanno finito per considerarlo così, donne che si considerano femministe di lungo corso. Donne come l'attrice francese Catherine Deneuve e novantanove cofirmatarie che hanno pubblicato una lettera aperta dicendo: il movimento #MeToo, «al posto di aiutare le donne a diventare autonome, in realtà fa il gioco dei nemici della libertà sessuale». Queste donne dicono: «Lo stupro è un crimine. Ma rimorchiare in maniera insistente o imbarazzante non è un delitto, né la galanteria un'aggressione machista».

E quindi rieccoci alla questione spinosa della netta distinzione tra avance innocue e molestie. Una distinzione che sembrerebbe difficilissima da definire, ma nella realtà dei fatti è chiarissima: ogni avance indesiderata è una molestia. Le avance che proseguono dopo aver messo in chiaro che sono indesiderate sono un abuso. L'abilità di una donna di respingere con determinazione, o di affrontare con grazia, o persino di apprezzare con distacco queste avance non può rimpiazzare l'incapacità di un'altra donna di farlo.

Mumji e mia madre sono due esempi opposti di come un abuso può essere affrontato nella stessa famiglia. Pur appartenendo a due generazioni diverse, avendo caratteri e indoli distanti, diverse opportunità di studio e lavoro, entrambe sono state condizionate in modo simile dalle aspettative della comunità. La collettività Sikh indiana, come altre nel mondo, favoriva i maschi alle femmine, la castità (perlomeno, una parvenza o finzione) ad altre forme di integrità, il matrimonio ad altre relazioni intime informali o al restare soli, la lealtà (alle vecchie tradizioni, alle gerarchie prestabilite) all'onestà. Entrambe le donne hanno sofferto, ciascuna a modo suo, per questo sistema di valori distorto, pur provando a conformarvisi o, in certi casi, a promulgarlo. Però non hanno fatto fronte comune per proteggersi dal sistema e contrastarlo. Nel campo minato tra queste due figure, madre e nonna, ho sentito per la prima volta l'attrazione gravitazionale tra il detto e il non detto. Entrambi esercitavano un forte richiamo. Oscillavo tra loro, più per confusione che per scelta, indecisa se affidarmi al silenzio o all'asserzione. Le loro esperienze personali non bastavano per orientarmi e la mia esperienza non era abbastanza cospicua da permettermi di sbilanciarmi. Però cominciai a sentire il potenziale di un'altra forza che mi attraeva come un magnete, la intravedevo in altre donne, vicine e lontane, donne nella vita e nell'arte: la capacità di esprimersi – per conto proprio e per gli altri. Queste donne, pareva, erano femministe. Potevo esserlo anch'io? Come?

Ogni donna è il prodotto di una costellazione diversa di razza, età, classe e provenienza, di personalità, storia, aspetto fisico e abilità, di religione, formazione, occupazione e motivazione; quindi, ogni donna ha una diversa capacità di resistere o accettare la propria oppressione.

Sempre più persone se ne stanno accorgendo, ma molte altre rimangono ambivalenti. Dicono: e allora il flirt? A cui si può solo rispondere: perché continui a chiedere? Che cosa hai bisogno di confermare o negare o giustificare?

Il flirt è un complimento consensuale che intercorre tra le persone, spesso senza bisogno del minimo contatto fisico. A volte il complimento si trasforma per mutuo assenso in un'intimità più profonda. Il flirt risponde al nostro bisogno profondo, primordiale, di apprezzare ed essere apprezzati. È un incontro che afferma qualcosa di essenzialmente, sensualmente umano tra le parti. Per molte persone in una relazione seria, profonda, il flirt è un'infedeltà innocente: il brivido di uno sguardo, un sorriso, una conversazione accesa dalla scintilla dell'attrazione che, taciuta di comune accordo, non intende spingersi oltre. Se non che a volte lo fa, a prescindere dall'intenzione iniziale, e anche questo va bene, purché sia reciproco.

Una ricerca condotta nel 2018 e nel 2019 da un gruppo di sociologi dell'Università di Houston ha dimostrato che sia gli uomini sia le donne hanno una comprensione molto precisa di cosa sia una molestia sessuale. Eppure, stranamente, in alcuni posti di lavoro questa comprensione si traduce in un distanziamento punitivo. Numeri crescenti di uomini dicono: non posso fare una riunione solo con una donna. Uomini che dicono: preferirei non assumere una donna per ruoli che prevedono un contatto stretto, per esempio viaggiare insieme. Uomini e donne che dicono: preferirei non assumere una donna attraente. Cosa ci dicono queste reazioni? Che alcuni uomini (il 27% degli intervistati) non si fidano di se stessi? Che non si fidano delle donne? Che sono così infastiditi dalla necessità di riflettere su come comportarsi con le donne al lavoro che preferiscono rimuovere tutti i membri di sesso femminile dalla loro orbita? E le donne (almeno il 10% delle intervistate), stanno forse dicendo che le molestie sarebbero meno diffuse se le donne fossero meno attraenti?

Le differenze generazionali possono spiegare, almeno in parte, le diverse reazioni al #MeToo in chi si professa femminista. Ma è importante considerare anche la natura del femminismo in sé. Le ideologie e i movimenti si trasformano, i loro parametri si ridefiniscono nel tempo, nel luogo e nelle persone che li incarnano. Il femminismo, in questa nostra epoca storica di tardo capitalismo, è diventato un investimento, un catalogo che consente di prendere decisioni pseudopolitiche in base a cosa fa più comodo in una certa situazione. C'è la convinzione diffusa che «avere scelta» corrisponda alla vera libertà, che ottenere quello che vuoi sia femminista. Così la scelta diventa una forma di consumismo priva della consapevolezza che la vera emancipazione dipende da cosa e come si sceglie. Le scelte davvero femministe riguardano in primis la giustizia, sono decisioni che possono migliorare la situazione di tutti e non solo la propria. Senza questa visione il femminismo è solo una forma di *branding* appariscente ma vuota, come indossare dei guantoni da boxe senza aver la minima intenzione di salire sul ring.

All'inizio, il #MeToo mi ha colpito soprattutto per l'esibizione di solidarietà spontanea, dilagante, incondizionata tra così tante donne (almeno in un primo momento). Risaltava in modo ancora più netto rispetto alla solidarietà insidiosa, inibita, condizionata della mia famiglia. Lì l'alleanza si legava al tradimento. Mumji diceva: glielo dirai? riferendosi a mia madre, che diceva: glielo dirai? riferendosi a Mumji. Ciascuna esibiva il proprio dolore affinché fosse visto e riconosciuto dall'altra. Mia madre voleva che Mumji dicesse: mi dispiace così tanto per quello che ti è accaduto. Mumji voleva che tutti dicessero: non importa quello che hai passato, non hai mai fatto torto a nessuno. Per un certo periodo ho fatto diligentemente la spola tra loro, pensando che lealtà fosse tenere entrambe ugualmente in considerazione. Schierarsi dalla parte di una avrebbe significato deludere l'altra. Ma esistevano soltanto due parti? E dopotutto non erano dalla stessa parte, malgrado fossero in disaccordo l'una con l'altra? E poi, a volte schierarsi non era perfettamente giustificato? Il #MeToo sembrava dirmi proprio questo, mi ha spinto a domandarmi se non esistesse una solidarietà tra estranei più forte di qualunque forma instaurabile in famiglia. Decisi che avrei preso le parti di mia madre. E Mumji? Lei non si sarebbe lasciata mettere da parte.

C'è chi dice: il femminismo è essenzialmente incompatibile con il capitalismo nella sua attuale forma neoliberista. Dicono: questo sistema, che privilegia la privatizzazione, l'austerità e la deregolamentazione a scapito di ogni forma di cura, allo scopo di rinforzare il libero mercato e il commercio, favorisce molto i pochi e poco i molti, ma non ha ancora liberato – e non libererà mai – i più dalle numerose disuguaglianze, radicate in profondità, che dilaniano le nostre società.

Nel libro *Femminismo per il 99%. Un manifesto* Cinzia Arruzza, Tithi Bhattacharya e Nancy Fraser dicono: «[...] le società capitaliste sono, per definizione, fonti di oppressione di genere [...]. Il sessismo è connaturato alla natura stessa del capitalismo». Dicono: «Il capitalismo è nato dalla violenza razzista e coloniale» ed è prosperato grazie all'invenzione di gerarchie che giustificassero l'oppressione. Dicono: la mossa chiave del capitalismo è stata «la divisione tra produzione di profitto e produzione di persone. L'oppressione di genere nelle società capitaliste è radicata nella subordinazione della riproduzione sociale alla produzione per il profitto». Quel lavoro di riproduzione sociale – partorire, allevare, educare esseri umani – rimane perlopiù non pagato e svalutato, malgrado tutto dipenda da quello. E ora, le scrittrici del *Manifesto* dicono: «Mentre il capitale lotta sistematicamente per accrescere i profitti, la classe lavoratrice, al contrario, lotta per condurre una vita significativa, degna di un essere umano».

Dopo la crisi del 2008 i governi di tutto il mondo hanno adottato politiche di austerità; a farne le spese sono state soprattutto le donne, colpite in modo spropositato dai tagli alle prestazioni sociali di vario tipo: congedo di maternità ridotto, pensioni più basse, interruzione dei finanziamenti per le case accoglienza riservate a chi prova a sfuggire alla violenza domestica. Come se non bastasse, in Europa, un paese dopo l'altro – dalla Romania alla Spagna, dal Belgio alla Grecia, dalla Repubblica Ceca alla Turchia – ha abolito i ministeri per le pari opportunità, ha inflitto una drastica riduzione di budget che intralcia le loro funzioni o ha imposto una «ristrutturazione» profonda che distoglie l'attenzione dalle ingiustizie subite dalle donne. Questa stretta ha reso le donne più vulnerabili all'impatto sociale ed economico della pandemia da Coronavirus, esacerbando così le disuguaglianze di genere.

Philip Alston, relatore speciale delle Nazioni Unite sull'estrema povertà e i diritti umani, ha rilasciato una dichiarazione nel novembre 2018 in cui affermava che nel Regno Unito, la quinta economia al mondo, 14 milioni di persone, un quinto della popolazione, vivono in povertà e 1,5 milioni sono indigenti. Ha detto che il governo tory nel Regno Unito ha inflitto «una grande sofferenza» alla popolazione attraverso le politiche di austerità. Queste, dice, non erano dettate da una necessità economica ma dal desiderio politico di riprogettazione sociale. Ha detto: le riforme fiscali e di servizi sociali hanno avuto l'impatto più forte su chi aveva meno possibilità di reggerle – i poveri, le donne, le minoranze etniche, i bambini, i genitori single, i richiedenti asilo e le persone con disabilità. Ha detto: radunando un gruppo di misogini in una stanza e chiedendogli di immaginare un sistema che favorisse gli uomini a scapito delle donne, questi non avrebbero trovato idee molte diverse da quelle già in vigore. Malgrado le prove a supporto fornite dalle Nazioni Unite, il governo britannico nega la dichiarazione.

Ovvio che per qualcuno non è così. Ci sono uomini, e alcune donne, che prosperano nello status quo. Ma questa non è forse una conferma della logica capitalista che esalta l'avanzamento personale, sbandierando ogni storia di successo come un segno di progresso collettivo? Quando vediamo qualche donna in più alla direzione di un'azienda, qualche donna in più alla guida di un paese, qualche donna in più in testa alle classifiche di vendita o di retribuzione nel proprio settore, dovremmo credere che le cose stiano migliorando per tutte.

Non voglio sminuire quel che serve a una donna per destreggiarsi in un mondo a misura di uomo. «Vedere nel maschio l'essere umano predefinito è uno dei fondamenti della struttura sociale umana» dice Caroline Criado Perez nel suo libro *Invisibili*. Nell'arco di trecento pagine passa in rassegna l'enorme divario di gender data – cioè la mancanza di dati di genere – maturato come conseguenza del fatto che gli uomini prendono decisioni basate soprattutto su ciò che fanno, vedono e sentono loro; quasi fossero l'unico punto di riferimento valido al mondo. Criado Perez mostra la miriade di modi in cui «questa sorta di propensione al maschile-ove-non-altrimenti-indicato» ha plasmato il nostro ambiente comune.

Le strade cittadine, progettate soprattutto da uomini per uomini, danno la priorità alle macchine: perché gli uomini, essendo generalmente più ricchi, costituiscono la maggior parte degli automobilisti che vanno e vengono dal lavoro. Le necessità di movimento delle donne, che si spostano in modo diverso e attraverso molteplici compiti, sono invece trascurate; i loro viaggi sono quindi molto più dispendiosi in termini di tempo e di denaro, e a volte persino più pericolosi. La temperatura media negli uffici è fissata a un livello ottimale tarato sugli uomini, quindi spesso è troppo bassa per le donne. La progettazione delle automobili si basa principalmente su crash test che ricorrono a manichini dalle proporzioni di un «maschio standard»; e così, malgrado gli uomini abbiano più probabilità di rimanere coinvolti in un incidente stradale, quando sono le donne ad avere un incidente hanno il 47% di possibilità in più di restare gravemente ferite e il 71% di possibilità in più di restare moderatamente ferite. Fino agli anni novanta i test clinici coinvolgevano solo o soprattutto gli uomini, quindi diagnosi mediche, cure, medicinali e dosaggi si sono sviluppati attorno a un «maschio standard». Ogni aspetto della biologia femminile è a tutti gli effetti meno conosciuto rispetto alla biologia maschile. Nei libri di medicina adottati in alcune delle più prestigiose università europee, statunitensi e canadesi, i corpi maschili compaiono il triplo delle volte rispetto ai corpi femminili per illustrare le «parti del corpo neutre». L'equipaggiamento e le manovre militari sono pensati ancora soprattutto per gli uomini, mettendo continuamente a repentaglio la salute e la sicurezza delle donne soldato. In un mondo accademico prevalentemente maschile, nei loro articoli gli uomini tendono a citare altri uomini il 70% più delle donne. Gli articoli di donne sono accettati più spesso e valutati in modo più positivo se sottoposti a *double-blind review* (cioè quando sia l'autore sia il revisore restano anonimi); ma molte istituzioni si rifiutano di istituirla come procedura standard.

Vecchi taccuini, pagine fitte di «citazioni» personali: frasi amate e ricopiate dai libri letti. A un certo punto, ho cominciato ad annotare questi spunti al computer anziché a mano. Ora sul mio schermo ci sono cartelle ordinate per autore e argomento. Perle distillate in decenni di letture. Poco tempo fa le ho scorse cercando citazioni di donne che mi ispirassero. Prima ho controllato i taccuini e ho scoperto con sgomento che il 95% delle frasi lì raccolte erano di uomini – soprattutto bianchi, soprattutto di lingua inglese. Nei file andava un po' meglio, ma soltanto perché negli ultimi anni ho indirizzato consciamente e volontariamente le mie letture verso le scrittrici. Ancor più dell'influenza spropositata esercitata dagli uomini sulle mie letture e sul mio pensiero, mi disturba aver impiegato così tanto tempo ad accorgermene.

Caroline Criado Perez offre molti esempi dei *bias* di genere che incidono su dati e decisioni distorte. Leggendo si prova in modo nuovo e amplificato lo shock sconvolgente della discriminazione di genere e delle sue implicazioni. Nel complesso le donne stanno ancora perdendo, a prescindere dai casi in cui stanno – o sembra che stiano – vincendo. Poiché i pregiudizi sessisti distorcono le cose a favore degli uomini in così tanti ambiti, si capisce come mai le donne abbiano la sensazione che qualcosa non va, anche quando non lo dicono.

Donne che dicono: cerco di adattarmi, mi distinguo, sono più preparata o competente di un uomo, ma qualcosa non torna. Donne che dicono: qualunque cosa faccia, ovunque mi giri, a prescindere da quanto ci provi, qualcosa non quadra. Donne come Andrea Nahles, ex presidente del Partito Socialdemocratico in Germania e ministro nella coalizione di governo di Angela Merkel, che dice: nella mia esperienza non c'è mai stata parità tra uomini e donne. Nel suo primo discorso pubblico, mesi dopo le dimissioni forzate dalle dinamiche interne al partito, Nahles ha detto: un tempo osservavo gli uomini tenere i loro incontri a porte chiuse, ma quando finalmente ho guadagnato l'accesso al sacrario, i circoletti maschili si sono semplicemente spostati fuori. Ha detto: più le donne entravano nei consigli, più il potere evaporava nella sfera informale, inficiando in parte quel successo.

Pensi: più ti avvicini al centro, più aumenta la tua influenza; ma più ti avvicini al centro, più risenti del suo campo gravitazionale. Forse il problema espresso da Nahles dipende, in parte, dal fatto che molte donne sono diventate troppo abili a «adattarsi» al mondo maschile. Significa soffocare parti di sé, sottoporsi a sforzi eccessivi, sfigurare, cacciarsi in situazioni impossibili, ma le donne sopportano contorsioni atroci, sfoggiano acrobazie strabilianti. Ci sono donne così abili a destreggiarsi che ci aspetteremmo che la loro presenza fosse *più efficace*: ma non può cambiare molto le cose, perché per troppi uomini la presenza delle donne serve solo a *fare effetto*; per farli sentire o apparire migliori, non per migliorare le condizioni di tutti. E c'è un altro errore nel sistema, ancora più cruciale: l'ostinata convinzione che per ottenere più potere si debbano raggiungere le cariche più alte o accumulare vaste ricchezze o assomigliare a chi già lo detiene. Ma davvero c'è qualche speranza di sgominare gli effetti corrosivi del potere semplicemente rincorrendolo o emulandolo?

Quando è stata la prima volta che ti sei sentita potente?

In risposta a questa domanda, la ministra dell'ambiente tedesca Svenja Schulze – che ha condotto una campagna storica per introdurre la protezione climatica nel DNA di ogni ministero governativo – ha detto: è una sensazione aliena per me, forse in retrospettiva sono una donna come tante.

Le donne non si «adatteranno» mai, non «saranno mai all'altezza», non otterranno mai quello che meritano finché le strutture attorno a loro – e quindi, inevitabilmente, loro stesse – continueranno a essere «fatte» a beneficio o a immagine e somiglianza degli uomini. Ecco perché cresce la diffidenza nei confronti del cosiddetto femminismo liberale o *lean-in feminism* – un termine riferito a chi si definisce femminista ma scende a facili compromessi con il mondo esattamente così com'è, soprattutto in ambito aziendale.

Com'è possibile che donne che si ritengono femministe e si dichiarano sospettose degli effetti sempre più dannosi del capitalismo collaborino con industrie che per molti versi incarnano il sessismo, il razzismo, lo sfruttamento e il consumismo? Per loro «liberale» sembra riferirsi soprattutto alla libertà di fare soldi a palate, mentre «femminismo» alla possibilità di vivere come gli va. In questa accezione del femminismo, il raggiungimento del potere finanziario delle donne è obiettivo ed espressione più alta dell'uguaglianza. Ma questa uguaglianza si traduce soltanto nel desiderio di colmare il divario tra me e un uomo di successo, senza nessuna riflessione critica sull'obiettivo in sé, né sul costo – per se stessi e gli altri – per raggiungerlo. Il femminismo liberale ha incoraggiato alcune donne a esigere di più, ma non le ha spinte a valutare *meglio* «cosa», «come» e «con chi» – anzi, ha attivamente evitato di chiederlo.

Quando è stata la prima volta che ti sei sentita potente? mi sono domandata. Era una sensazione aliena per me, finché non ho iniziato a pensare al potere in altri termini.

Quando ti sei sentita particolarmente impotente? mi sono domandata. Troppo spesso per tenere il conto, figuriamoci ricontarlo. Le molte volte in cui mi sono sentita poco ascoltata, vulnerabile, incapace o indifesa riecheggiano la prima volta in cui capii di aver perso potere: quando mia sorella smise di fare tutto quello che le chiedevo. Avevo otto anni, lei uno e mezzo in meno. Fino ad allora aveva eseguito diligentemente ogni mio ordine, mi aveva copiata, aveva fatto di tutto per essere come me, anche se significava mangiare, indossare o dire cose che non le andavano. Un giorno tutto questo finì. Era come se un incantesimo si fosse infranto. Ricordo ancora lo shock: la delusione, l'affronto, la frustrazione di non poterle far cambiare comportamento in nessun modo. Era diventata una persona a sé stante e io mi sentivo sminuita, mi accorgevo stupefatta che la mia percezione di me dipendeva dalla capacità di controllarla, si reggeva sulla sua adorazione accondiscendente. Ora penso: quanto era triste, brutta, la mia idea di potere all'epoca. Una concezione vecchia e logora – ma tuttora fin troppo presente – di potere come dominazione, come continua affermazione di sé.

Il potere, nella definizione di Hannah Arendt, esiste solo nel suo carattere potenziale, è una forza che scaturisce fra gli uomini quando stanno insieme, pensano e agiscono in comune. Arendt dice: il potere è realizzato solo dove parole e azioni si sostengono a vicenda, dove le parole non sono vuote e i gesti non sono brutali, dove le parole non sono usate per nascondere le intenzioni ma per rivelare realtà, e i gesti non sono usati per violare e distruggere, ma per stabilire relazioni e creare nuove realtà. Sottolinea che il potere non si può accumulare e tenere in serbo per i casi di emergenza, come gli strumenti della violenza, ma esiste solo nel suo essere in atto. La descrizione di Arendt è in netta contrapposizione con l'esercizio di potere personalistico e altamente individualizzato che domina la nostra epoca capitalista e ha contagiato anche la nostra politica. Lì il potere è sempre incline a esercitare la forza per i propri fini, che hanno effetti violenti anche mascherati da parvenze benevole – come nel caso di una politica di austerità presumibilmente volta a risanare il bilancio.

Quando è stata la prima volta che ti sei sentita potente?

Svenja Schulze ha detto: in una democrazia spesso molte persone sono coinvolte nei processi decisionali, ed è un bene. Conosco questo genere di successo, ed è stupendo. Gli sforzi di Schulze, alla fine del 2019, hanno portato il parlamento tedesco ad approvare una legge federale sulla salvaguardia del clima che obbliga tutti i ministeri, incluso il ministero tedesco dei trasporti – notoriamente intransigente – a includere la salvaguardia climatica in ogni singola azione politica.

Se l'etichetta «femminista» – a lungo considerata troppo radicale, intimidatoria e polarizzante per essere adottata a cuor leggero – è diventata molto più ubiqua e appetibile, persino mainstream, acquisendo una specie di potere popolare, è in parte a causa del femminismo liberale. Quella posizione che sulle prime mi aveva attratta e spaventata – «femminista» – è diventata molto più docile, molto più portabile, semplicemente perché più diffusa. Eppure io non riuscivo nemmeno a pronunciare la parola, figuriamoci portarla in pubblico. Mi sembrava quasi una frode, come se avessi preso un cappotto dal guardaroba di un locale e poi mi fossi accorta che non era mio, ma avessi deciso di tenerlo comunque perché, be', mi andava a pennello, mi faceva sentire bella e la gente mi faceva i complimenti e mi chiedeva dove l'avevo comprato. A una vera femminista sarebbe bastata un'occhiata per accorgersi che era un travestimento, ma a chiunque altro sembrava il cappotto fatto apposta per me. All'epoca avevo letto pochissima teoria femminista, però capivo che il femminismo era molte cose eccetto una facile etichetta.

Hillary Clinton si è definita femminista. La parola campeggiava in lettere al neon giganti sul palco di un concerto di Beyoncé. Maria Grazia Chiuri – la prima donna a ricoprire il ruolo di direttrice creativa per Dior – ha presentato delle magliette con la scritta *We Should All Be Feminist* (dal titolo del best seller di Chimamanda Ngozi Adichie) nella sua prima sfilata per il marchio. La parola balena ancora e ancora, rifulge con un chiarore stellare che illumina l'istante e oscura tutto quello che lo circonda. Così facendo la parola «femminista» è associata a un'immagine individuale, a una conquista personale, a una modalità presumibilmente unica di stare a contatto con il potere. La scegliamo e la indossiamo come un accessorio; nuova e splendente, come se non fosse già intrisa di una moltitudine di storie, vittorie e sconfitte. È così allettante crogiolarsi nel bagliore della parola mercificata, senza pensare alle sue ombre. Il bagliore è diffuso, difficile da respingere. Bagna di luce dorata anche chi lo rigetta. Questo è il dilemma di molti critici del capitalismo – ne traiamo comunque beneficio. Vivere significa essere coinvolti. Quindi una domanda femminista sicuramente è: come mitigare gli effetti peggiori del nostro coinvolgimento, come arginare le ineludibili conseguenze dannose delle nostre scelte?

Mentre le scelte superficiali proliferano, assorbendo attenzione ed energia, ammaliandoci con le loro false prerogative, l'agency effettiva di una donna – sul suo desiderio, sul suo corpo – è sotto minaccia costante. È in corso un tentativo di restringere il campo di lotta, di ridimensionarlo per lasciare alle donne meno spazio di manovra. Paesi di tutto il mondo riducono i diritti riproduttivi delle donne, ignorando il loro diritto al consenso.

La nuova composizione della Corte suprema degli Stati Uniti, dopo la nomina di Brett Kavanaugh nel 2018, ha suscitato molti timori per l'eventualità che l'aborto diventi illegale. Lo stato dell'Ohio ha vietato gli aborti dopo le sei settimane (a quello stadio molte donne non sanno nemmeno di essere incinte) e sta vagliando una proposta di legge che classificherebbe gli ovuli fecondati, gli embrioni e i feti come «persone» nel codice penale – spianando così la strada perché l'aborto, subito e praticato, diventi un delitto capitale passibile di pena di morte. La proposta dell'Ohio si inserisce in una serie di tentativi, avanzati dai legislatori, di introdurre leggi per ricusare Roe contro Wade, la sentenza che sancì l'aborto come diritto costituzionale. Un rappresentante di stato repubblicano vuole spingersi ancora oltre: ha messo sul tavolo una proposta di legge per rendere la maternità obbligatoria.

Il totale disprezzo per la scelta e il consenso delle donne in ambiti che le riguardano si manifesta in modo preoccupante anche in molti altri casi. Per fare un esempio, la presenza sempre più diffusa degli smartphone in India ha spinto un numero crescente di uomini, adolescenti inclusi, a consumare pornografia hard. Il materiale circola soprattutto su WhatsApp. I fruitori spesso sviluppano una predilezione compulsiva per i contenuti porno sessualmente più violenti: i video di stupri. È solo uno dei segnali preoccupanti della pressione esercitata da una rapida modernizzazione su una società molto conservativa e che si sta confrontando con un oscuro retaggio coloniale. Gli uomini – divisi tra le sfide del loro ruolo tradizionale, l'assenza di nuovi modelli, il timore del fallimento e della vergogna legati alla sensazione di «debolezza» che nasce dalla combinazione di questi due fattori – gravitano verso un immaginario grottesco che allevia e alimenta i loro sentimenti contrastanti. Per di più, tutto questo avviene in un contesto sociale dove il sesso è un tabù, dove l'educazione sessuale per gli adolescenti si limita alle informazioni sulla riproduzione e dove non esiste quasi nessuno spazio dove parlare di consenso e di piacere. I video sono condivisi sui gruppi, alcuni dei quali si schierano a favore della circolazione di questi contenuti con la scusa che aiutano ad «aumentare la consapevolezza del problema» – a cui gli attivisti per i diritti civili rispondono: si può fare solo denunciando questi video alla polizia, non diffondendoli a destra e a manca. Le abitudini pornografiche contribuiscono a deformare le idee e le aspettative sul sesso, portando a ulteriori abusi sulle donne.

In mezzo a questi soprusi, il femminismo deve essere più di uno slogan sbandierato ai propri scopi e ingiustizie personali. Sì, il personale è politico; ma anche il generale lo è.

Nel suo libro *Perché non sono femminista*, Jessa Crispin critica quello che definisce un «femminismo universale inefficace» che scaturisce dall'interesse personale ed è distante dal vero impegno. Con «femminismo universale» intende un concetto ragionevole e adattabile a ogni desiderio. Per esempio, «se ti vuoi sposare e decidi di farlo, e ti definisci femminista, il tuo matrimonio diventa automaticamente un atto femminista». C'è chi lo definisce femminismo lifestyle, una propaggine del femminismo liberale, e lo difende come espressione della libertà individuale. Ma secondo altre è un falso femminismo che mette a repentaglio tutti i femminismi.

Un tempo avrei difeso l'approccio selettivo, l'avrei definito femminismo all'acqua di rose – non falso – perché anche le mie prime incursioni nel femminismo erano schizzinose. Volevo pari opportunità e rappresentazione per tutte le donne, ma non volevo crucciarmi troppo su come cambiare la mia situazione, che per certi versi sfruttava proprio le mancanze di quel che dicevo di volere. Proprio come avevo fatto la spola tra mia madre e Mumji, credendo fosse possibile stare dalla parte di entrambe, così facevo la spola tra il femminismo e la mia vita, credendo fosse possibile essere femminista qua e là, di tanto in tanto, restare in bilico tra l'essere un po' femminista e non troppo femminista. C'erano cose che non volevo vedere o domandare, così mi sono fabbricata un femminismo dove non dovevo vedere e domandare.

È femminista sapere che tuo padre ha stuprato tua madre, odiarlo per quello, ma volergli ancora bene semplicemente perché è tuo padre?

È femminista volere che gli uomini esprimano le loro emozioni, ma poi detestare quando tuo marito mostra tristezza, dolore o persino rabbia proprio come fai tu: piangendo?

È femminista condannare lo stereotipo dell'uomo forte e infallibile, ma poi sentirti delusa o impaziente se il tuo ragazzo sta male?

È femminista aspirare all'autonomia e all'indipendenza economica ma desiderare protezione, supporto economico, un partner che guadagni più di te e paghi le bollette?

Esporti con tutta te stessa al pensiero femminista è come infilarti in una macchina a raggi X. Wilhelm Röntgen, che scoprì i raggi X nel 1895, usò la mano di sua moglie Anna Bertha Ludwig per la prima immagine a raggi X del corpo umano. Guardandola, la moglie disse: «Ho visto la mia morte». Per certi versi, è quello che molte di noi provano a contatto con il femminismo. Scopriamo ben presto che una connessione più stretta esigerà confronti, ritrattazioni e trasformazioni così profonde da innescare la dissoluzione di chi crediamo di essere. Ecco perché molte resistono, rifiutano, rifuggono.

È femminista tollerare un comportamento maschilista da parte di un uomo, soltanto perché è il marito della tua migliore amica e sfidarlo significherebbe turbarla? È femminista sperare che esista una donna capace di salvare tuo fratello Incel dalla misoginia?

È femminista agognare l'approvazione di una madre che ha incarnato fieramente l'archetipo della donna che alleva i figli e bada alla casa con spirito di abnegazione e ti disapprova se fai diversamente?

È femminista partecipare ai raduni familiari dove è presente l'uomo che ha abusato sessualmente di tua zia quando era bambina? È femminista salutare l'uomo, seppur freddamente, accettare il passato in silenzio perché tua zia dice di averlo perdonato e di non voler fare scalpore? È femminista adeguarsi a una dichiarazione di perdono, pur accorgendosi che le ferite di chi perdona non si sono ancora rimarginate? È femminista vedere che altri membri della famiglia affidano i loro bambini all'uomo che una volta abusò, senza dire niente? È femminista pensare che il tuo intervento potrebbe essere d'aiuto, pur non essendo richiesto?

I raggi X sono una forma di radiazione elettromagnetica a frequenza molto alta e lunghezza d'onda molto bassa. Esistono raggi X molli e raggi X duri; questi ultimi hanno una frequenza più alta e sono più penetranti dei primi, che solitamente vengono filtrati durante le radiografie mediche perché non penetrano nel corpo del paziente e quindi causerebbero un'esposizione inutile alle radiazioni. Anche il pensiero femminista può essere molle o duro.

È femminista sostenere che «no significa no» e poi respingere le prime avance di un tipo che ti piace, perché senti che per dimostrare il suo vero interesse dovrebbe provare a sedurti almeno due volte?

È femminista fingere un orgasmo?

Se glielo permetti, il femminismo duro può irradiare in ogni parte di te: illuminare le qualità migliori, esporre le fragilità croniche, rivelare le ansie più segrete. Fa lo stesso con la società nel suo insieme. Per questo è più facile tenere le distanze, o almeno provarci. È femminista trarre vantaggio da una situazione che penalizza altre donne?

È femminista pensarci due volte prima di usare i tuoi contatti per aiutare un'amica in difficoltà, soltanto perché questa amica non è così ferrata nelle pratiche sociali – chiacchiere di circostanza, convenevoli, un atteggiamento eternamente solare – che lubrificano le relazioni pubbliche? È femminista agitarsi perché il comportamento di un'altra donna potrebbe metterti in cattiva luce e quindi non andare in suo soccorso anche se potresti?

È femminista preoccuparsi che alcune di queste domande siano interpretate come *mie* domande, come se riguardassero totalmente la mia vita privata e la mia esperienza? È femminista preoccuparsi che alcune di queste domande non mi riguardino direttamente, preoccuparmi di quali mi riguardano – o così si pensa? È femminista preoccuparsene, *sapendo* che essere femminista significa essere disposta a fare domande, qualunque domanda? Sicuramente una definizione di femminista è: capacità di trattare le domande di altre donne come fossero tue.

Ai raggi X le ossa sono bianche, mentre il tessuto morbido – che assorbe meno efficacemente i raggi – appare grigio. Una radiografia è leggibile grazie a questo fenomeno di assorbimento differenziato. In che modo i nostri cuori e le nostre menti assimilano la fluorescenza del femminismo? Quali immagini emergono da questo intimo contrasto di luci e ombre? Quali domande?

È femminista diffidare del facile binarismo, detestare la concezione classica del maschile e del femminile, sperare che esistano diversi modelli di successo – eppure sentirsi immancabilmente attratte dall'uomo più affermato, oppure tosto abbastanza da battere gli altri, oppure più ricco?

È femminista pensare: voglio che tu sia più potente, ma voglio stare io al comando?

È femminista lasciare dei vuoti nelle domande, vuoti che forse nessun altro vede, ma che ti guardano a bocca spalancata, minacciano di far crollare tutto trascinando con sé questo edificio di pensieri e domande, un costrutto fabbricato per rivolgersi a una sola persona, qualcuno a cui non puoi parlare direttamente, qualcuno che non riesci a raggiungere, a nominare?

È femminista volere la parità e poi accettare di essere l'unica donna insieme a tre uomini in un dibattito, la prima e unica donna tra dieci uomini in un consiglio direttivo? È femminista volere la parità e poi accettare di essere l'unica eccezione in una delegazione politica altrimenti composta da una dozzina di maschi bianchi?

Ci sono donne che dicono: alcune di noi devono raggiungere la cima perché le cose migliorino per tutte. Ci sono donne che dicono: alcune di noi hanno raggiunto la cima da un po' ormai e ha fatto ben poca differenza per le altre. Donne che dicono: una donna sola in cima è una specie di uomo se non trova il modo di consentire ad altre donne di raggiungerla. Donne che dicono: non basta sollevare solo chi è come te. Donne che dicono: femminista è chi ammette che per creare una società più giusta bisogna sollevare anche chi è diverso da te.

Ogni cosa da meno è un femminismo soggettivo, che si accompagna a un'equità soggettiva: il mio femminismo è quello che mi fa comodo; la mia equità è dove sto a mio agio.

Il punto del femminismo invece è proprio metterci a disagio, costringersi a mettere continuamente in discussione convinzioni, obiettivi e metodi. Il femminismo è, soprattutto, una lotta *con* te stessa. Ma non è mai una lotta *solo per* te stessa.

E la battaglia è sempre più spietata vicino al cuore, quel punto pulsante dove amore e lealtà si scontrano con teorie e pregiudizi, dove vecchi affetti e attaccamenti urtano nuove convinzioni e buone intenzioni. Queste sono le tacite intersezioni della lotta femminista, i luoghi privati di contesa, di esitazione, di disperazione – o, a volte, esempi sublimi di emancipazione.

È femminista credere alle donne che dicono di essere state molestate e stuprate, ma credere anche all'uomo accusato di abusi sessuali che nega?

Alcune donne dicono: una donna che difende un uomo in quelle circostanze tradisce tutte le donne. Poco importa se l'accusa contro l'uomo è dimostrata; spesso queste cose non sono dimostrabili in via definitiva. Affermando un'inclusione irrefutabile e una fiducia incrollabile in tutte le donne, il #MeToo ha amplificato e mostrato una solidarietà incredibile, stimolante. Un valore incontestabile che, stando alle variazioni sul tema dell'hashtag, ha avuto una presa indiscussa, basti pensare alle diverse traduzioni e traslazioni che ha generato, resuscitandone anche di passate: #BalanceTonPorc, #YoTambien, #Ana_kaman, #BelieveWomen, #TimesUp, #YesAllWomen.

La rivendicazione di una categoria universale di donne è la forza del #MeToo ma anche la sua debolezza – una debolezza che riecheggia una faglia nella teoria femminista, che per molto tempo ha dato per assodata l'esistenza di un gruppo «donne» dall'identità circoscritta e ha perseguito vari obiettivi politici e sociali per suo conto e in suo nome. Femministe come Judith Butler hanno incrinato questo assunto. «Le donne hanno un legame tra loro solo in virtù della comune oppressione?» chiede Butler. Il movimento #MeToo sembra rispondere a questa domanda con un sonoro «Sì!». È una risposta valida, ma da questo non può derivare il corollario della necessità di parlare e un agire all'unanimità.

L'ambivalenza che provavo rispetto alle storie di mia madre e di Mumji – il modo in cui avevano affrontato e svelato l'oppressione, cosa mi avevano raccontato, che fare della rivelazione – mi sembrava più gravosa sulla scia del nuovo dibattito pubblico mainstream sul femminismo e la solidarietà e i relativi movimenti. Ho capito che, in modi diversi, entrambe erano state caute ad ammettere il loro trascorso, riluttanti a menzionare certi dettagli, spaventate alla prospettiva che le loro rivelazioni venissero sminuite o ritorte contro di loro. L'abito della conoscenza, che Mumji aveva promesso a me e mia sorella anni prima, era una tenuta più sgraziata di quanto potessi immaginare. Lo strascico era così lungo che non ne vedevo la fine. Non ricordo nemmeno il gesto di indossarlo, un giorno mi ci sono ritrovata dentro: non sapevo se avrei retto gli strati di tessuto intrecciati da secoli di storie femminili, se sarei riuscita a muovermi senza inciampare. Poi capii, grazie a quello che stava avvenendo nella società, che non ero sola come mia madre e Mumji in quell'enorme indumento di esperienza; c'erano altre persone con me, seppur sconosciute.

Il punto del femminismo è anche rincuorare – prendere atto delle discrepanze di esperienza, riconoscere i torti, offrire solidarietà, incitare alla speranza. La sfida è farlo rispettando, o almeno tollerando, la diversità. Come restare vigili e critiche nei confronti delle ingiustizie, senza aderire al lessico dominante dell'oppressione?

«Il "noi" femminista» dice Butler, «è sempre e solo una costruzione fantasmatica, una costruzione che ha i propri scopi, ma che nega la complessità e l'indeterminatezza interna del termine e si costituisce solo attraverso l'esclusione di una parte della base che allo stesso tempo cerca di rappresentare.»

Malgrado i suoi limiti e le sue contraddizioni, il femminismo mi ha concesso un altro genere di collettività. A differenza della famiglia o della collettività religiosa/nazionale/etnica che spesso prova, in modi diversi, a sorvegliare i propri membri, questo altro genere di collettività non è interessata a conformare o controllare; ma vuole capire e supportare i membri e i non membri. Quest'altra collettività è in costante evoluzione, in costante crescita.

Il #MeToo ha guadagnato popolarità e visibilità soltanto quando alcune celebrità bianche si sono schierate in suo favore. Tarana Burke dice di non provare alcun fastidio, perché è servito per dare alla causa un'attenzione internazionale senza precedenti. Pur essendo la fondatrice e la guida del movimento, tuttavia, Burke dice di non essere rappresentata e dipinta come tale dai media, «perché non ci vedono». Intende: non guardano alle persone nere in cerca di guida o competenza. I media mainstream sono intrisi di bias razzisti quanto tutte le altre strutture.

Ci sono donne che dicono: non ho mai permesso che il colore o il genere intralciassero la mia strada. Donne che dicono: ho sfondato il soffitto di cristallo grazie soltanto al mio duro lavoro. Donne che dicono: non ho mai usato il genere come una scusa. A cui si può soltanto rispondere: buon per te, ma perché presumere che la tua esperienza o la tua attitudine debbano fare da pietra di paragone per tutte? Ci sono uomini e donne che dicono: la discriminazione e il pregiudizio sono nell'occhio di chi guarda. A cui si può soltanto rispondere: in quale eccelsa realtà hai vissuto finora?

Un numero crescente di donne dice: non voglio essere definita dal mio essere donna. Donne che dicono: non mi lascerò ridurre al mio genere. Donne che dicono: rifiuto classificazioni occidentali come «scrittura di donne» o «artista femminile». Queste donne riconoscono gli svantaggi del loro sesso, ma detestano l'idea di diventare una sorta di gruppo a interesse speciale che richiede continue concessioni per cose normali. Capisco la posizione, in una certa misura la condivido. Malgrado mi trovi spesso in disaccordo sull'uso del termine «donna» – da chi, a che scopo è usato –, sento la necessità di schierarmi nella categoria «donne», per quanto sia una categorizzazione insoddisfacente, perché la condizione di chi vi è inclusa è incerta: i diritti delle donne e la rappresentazione delle donne in posizioni di potere sono ancora insufficienti o precarie, quindi non possiamo ignorare la categoria. Scelgo di associarmi alle donne e alla loro lotta per la giustizia, pur sapendo che questa non è – non può essere – una lotta esclusivamente con e per le donne.

Molti dei primi esperimenti con i raggi X presero fuoco nel processo. Lo stesso accade alle femministe che osano guardare intensamente, senza batter ciglio, che non si tirano mai indietro quando si tratta di verificare le supposizioni, espandere i limiti, mettere in dubbio le lealtà: restano scottate; prima dalla vampata di ingiustizia che pervade la società e poi, una volta denunciata, dalla rabbia di chi non tollera le loro idee o argomentazioni. Ma esistono femministe che sanno sopportare il calore. È femminista giudicare altre donne per aver compiuto delle scelte che tu non avresti compiuto? Simone de Beauvoir dice: «Non è assolutamente possibile misurare la felicità degli altri ed è troppo facile dichiarare fortunata la posizione che si vuole loro imporre».

Esistono situazioni in cui la domanda – è femminista? – non può, non deve, essere posta?

«[...] tutti noi, maschi e femmine, siamo stati socializzati fin dalla nascita ad accettare il pensiero e l'azione sessista. Di conseguenza, le femmine possono essere altrettanto sessiste degli uomini» dice bell hooks, scrittrice e attivista femminista.

Che cosa rende una donna, *donna*?

Genitori che dicono: «Mi raccomando!» alle figlie femmine (quattro volte in più rispetto ai figli maschi). Mi raccomando! Non essere troppo rumorosa, troppo veloce, troppo sveglia. Genitori che dicono: non indossare questo, non fare quello, non andare là... è per il tuo bene. Madri che dicono: «Vieni a darmi una mano», mentre i padri leggono il giornale e i fratelli escono a giocare. Padri che dicono: «La mia principessina. La mia bella bambina». Adulti che dicono alle bambine: «Che bel vestito!». Madri che dicono: «Fai la brava, sii gentile». Madri che dicono: «Fai quello che vuoi! Sii chi ti pare!» ma poi incarnano un modello di donna che si sobbarca tutto il cucinare e il pulire, l'organizzare e l'accudire.

La perfezione – o piuttosto, l'imperativo impossibile alla perfezione – deforma il nostro senso di essere donna. Sono cresciuta pensando che donna è una persona che deve fare tutto giusto. Il modo di apparire, parlare, atteggiarsi: tutto doveva essere perfetto e dunque piacevole, pacato, prezioso, puro. Mumji per me era una figura così carismatica proprio perché non si conformava a tutto questo – o almeno, non con la dovuta docilità. Si prendeva cura del proprio aspetto, concentrandosi in particolare sul viso, quasi fosse un'armatura; uno scudo imbellettato di rossetto e kajal, orecchini al naso e alle orecchie, a volte un tikka sulla fronte. La bellezza era parte integrante dell'arsenale che le consentiva di mantenere il favore altrui per certi aspetti e poi magari perderlo per altri, quando si abbandonava a urla o litigi o insulti. Solo in seguito ho capito che questi comportamenti si accentuavano quando qualcuno lasciava intendere che lei avesse commesso uno sbaglio. Era una parte di lei che la rendeva sgradita. È impossibile parlare con lei, diceva la gente. Anche io col tempo mi sono stufata della sua prepotenza, ho dovuto trovare delle strategie per non farmi schiacciare, però sono grata per l'esempio alternativo che mi ha offerto.

Essere impeccabile significa avere più valore. Commettere uno sbaglio significa tornare al punto di partenza e ricominciare tutto daccapo. Se parti sempre da zero è difficile guadagnare un peso reale nel mondo, un'autorevolezza duratura. L'imperativo alla perfezione, per come lo intendevo, era legato inestricabilmente all'obbedienza, al conformismo. Come se non bastasse, davo per scontato che oltre a essere perfetta io, dovevo assicurarmi che anche tutto ciò che mi circondava fosse perfetto – un'altra impresa impossibile, che comunque cercavo di compiere.

I viaggi in macchina dopo un litigio tra i miei genitori: due adulti così fuori fase che il silenzio risuonava nell'abitacolo in un crescendo claustrofobico. Provavo disperatamente a spezzarlo mettendomi a cantare e sperando che mia sorella si unisse. A volte lo faceva. Altre volte leggeva un libro e mi ignorava. Quelli erano i viaggi peggiori: l'infelicità emanava da tutti noi come il vapore dal ghiaccio secco. Temevo che qualcuno, superandoci, potesse scoccare un'occhiata e scoprirci avvolti in una bruma di problemi familiari, compatendoci. E così fingevo che tutto fosse stupendo, fantastico, una favola! Fingevo di parlare animatamente, gettavo la testa all'indietro come se ridessi. La mia muta esibizione si accentuava ai semafori. Da adulta, ho continuato a recitare versioni diverse di questo dover-mantenere-le-apparenze, far sembrare-tutto-a-posto. Molte donne in tutto il mondo interpretano questa parte magistralmente.

Donne che riempiono i silenzi nei contesti sociali, che intervengono per calmare una discussione, che sciolgono la tensione con un sorriso. Donne che fingono di essere d'accordo solo per risparmiare a tutti il disagio della discordia. Donne che fanno cenno ai partner – un calcio sotto il tavolo, uno sguardo minatorio – quando la discussione si scalda troppo. Donne che ridono o mentono a proprie spese per scaldare l'ego dei propri uomini, disposte a scambiarlo per il proprio. Donne che non osano dire quando un uomo sbaglia, che se qualcosa va storto pensano subito di essere nel torto.

La piaga del perfezionismo ha diverse cause: bell hooks ha ammesso ciò che molte donne con un'esperienza simile faticano a dire, cioè che sua madre è stata la voce patriarcale più forte nella sua vita.

Ne parliamo raramente, ma tutti conosciamo queste donne, ne abbiamo sentito parlare o forse, per certi versi, lo siamo.

Donne che dicono: guarda che cos'ha fatto la parità, ora gli uomini non ti rispettano più e ti trattano come una pezza da piedi. Donne che dicono: è colpa tua, sei troppo critica e continui a lavorare da sposata. Donne che dicono: devi restare con lui per i bambini. Donne che dicono: da sola non sei nessuno. Donne che dicono: porta pazienza. Donne che dicono: se resti da sola sarà anche peggio.

Che cosa rende una donna, *donna*? Molte cose. Non ultima, le altre donne.

Mumji parlava così tanto, spesso a voce così alta, che a un certo punto ha dovuto sottoporsi a un intervento alle corde vocali. Mia madre ha perso la voce per oltre un anno; a volte era appena un sussurro, altre i suoi tentativi di parlare non producevano nessun suono. La voce ha cominciato a tornarle quando ha richiesto dei periodi – una settimana, due settimane, tre – senza contatti con noi: Mumji, mia sorella e me, le tre donne a lei più vicine. La sua decisione è stata difficile da accettare, mi sentivo respinta e anche un po' offesa di rientrare nella stessa categoria di

Mumji. Ero diversissima, no? Come potevo farle lo stesso effetto? Ma anche io ero prepotente a modo mio: nelle mie cure eccessive, disse mia madre. Persino una volta guarita, la voce poteva scomparirle all'istante se il nome di Mumji appariva sul cellulare. Scompariva anche quando ero asfissiante, per usare le sue parole: quando la spronavo a farsi valere o interferivo in altri modi.

Mi piace pensare di essere una via di mezzo tra la loquacità di Mumji e la reticenza di mia madre, anche se mia madre sa essere molto divertente e conviviale senza sua madre nei paraggi. Ma conosco bene il groppo in gola, l'irrigidimento e la tensione che a volte impediscono di deglutire, figuriamoci parlare – crepacuore alla laringe. Può essere il dolore acuto, invisibile, di non riuscire a emettere un suono durante un'aggressione o un assalto in pubblico. Può essere il dolore profondo, intimo, che nasce dal non saper proferire le parole più importanti per le persone più care. Un dolore che può far sentire molto sole.

E che dire del fatto che ci si può sentire sole, pur avendo un compagno? Mumji si è aggrappata allo status matrimoniale, in cui credeva, ma per decenni ha dormito in una stanza diversa dal marito. Mia madre ha divorziato nel 2000 e da allora non ha più avuto una relazione. In entrambi i casi, si sono sentite meglio, ma si sono anche sentite ridotte alle proprie scelte. Queste due versioni dello stare sola mi confondevano e per molto tempo ho temuto di fare la stessa fine, persino quando a ventun anni ho incontrato l'uomo con cui sto tuttora.

Sola.

Perché essere una donna sola – una donna single – sembra ancora un destino tremendo?

Spesso, nella vita e nelle storie, le madri consigliano alle figlie di tollerare l'intollerabile. Sono madri che amano le loro figlie? Forse. Forse le amano più disperatamente proprio quando dicono: torna da lui, fallo per me. Proprio come Mumji ha fatto con mia madre. L'amore che si esprime solo attraverso la critica, che vede nella soggezione una sorta di protezione, è tristemente distorto. Ma spesso l'oppressione distorce l'amore. Molte donne e uomini afroamericani testimoniano un amore severo da parte dei genitori, che terrorizzavano i figli fino alla sottomissione, nella speranza di proteggerli dal terrore sociale molto più forte rappresentato dall'essere persone nere in quel paese.

«Non esiste una lotta per un solo problema perché non esistono vite con un unico problema» dice Audre Lorde. Intende che il femminismo non si deve confrontare solo con il genere, ma anche con la classe, la razza, la religione, la nazionalità e una marea di altri problemi – un fatto che Kimberlé Crenshaw riassume magistralmente nel termine «intersezionalità». Ma esiste, è sempre esistito, un solo problema che può cooptare qualsiasi identità: l'autoconservazione. La lotta per salvare la propria faccia, per non confrontarsi veramente con se stessi, impedisce a molti di riconoscere la validità, persino la necessità, delle lotte altrui. E così abbiamo madri che accusano le figlie anziché ammettere i propri fallimenti, anche se quei fallimenti erano dettati dalle circostanze più che dalla volontà. Donne che appoggiano a parole la parità mentre sgomitano spietatamente contro altre donne per guadagnare l'alone degli uomini di successo. Donne che votano per uomini che deridono e sminuiscono apertamente le donne, le minoranze e gli immigrati. Donne che dicono: mi sento più forte come donna da quando c'è Trump – è una conferma: non devo essere costretta a votare Hillary Clinton solo perché sono una donna, ho la mia voce.

Mumji pareva sinceramente angosciata dalla perdita di voce di mia madre. Diceva: se solo potessi darti la mia! Diceva: se solo potessi addossarmi tutte le tue malattie! Consigliava e preparava rimedi, pagava per le cure. Eppure quando si rivolgeva a mia madre non riusciva a dire semplicemente: come stai? Non riusciva a dire: mi dispiace che sia così dura. Invece si lamentava per le ingiustizie del mondo, poi elencava tutti i suoi malanni e le sue preoccupazioni.

Le madri falliscono sempre, dice Jacqueline Rose, [...] questi fallimenti non dovrebbero essere considerati come catastrofici ma normali, [...] dovrebbero essere considerati una parte del compito. Dice: la pretesa di essere una cosa soltanto – l'incarnazione dell'amore e della bontà – è intollerabile per qualunque madre.

Direi: la pretesa di essere una cosa soltanto è intollerabile per chiunque.

Riflettendo sui recenti risultati delle elezioni in America, la scrittrice Moira Donegan ha detto: «l'identità delle donne bianche le colloca in una posizione strana, all'intersezione tra due vettori di privilegio e oppressione: la razza garantisce loro potere strutturale, ma il sesso le esclude. In un sistema politico dove il razzismo e il sessismo sono così radicati, le donne bianche devono scegliere se essere fedeli all'aspetto più potente della loro identità, la razza, oppure al meno potente, il sesso. Alcune donne repubblicane bianche forse cedono al razzismo non in nome del razzismo, ma per eludere o negare il fatto che l'oppressione sessista le rende vulnerabili». Queste donne sono disposte a proteggere gli interessi dei loro uomini a scapito dei propri perché dipendono da loro; anche se questa dipendenza, che non è semplicemente economica ma esistenziale, le fa soffrire. Di conseguenza, pagano un altro futile tributo alla lunga storia di sacrifici malriposti a favore degli uomini, ottenendo ben poco in cambio. Il tentativo di compiacere i potenti, per quanto ridicolo sia il loro potere, raramente dà frutti duraturi. Il tentativo di accrescere il proprio potere rinnegando parti di sé spesso finisce per indebolirlo.

Lasciarsi definire da un solo problema significa, in fin dei conti, sabotarsi. Nessun singolo torto può essere risolto isolatamente. Ecco perché le domande continuano ad accumularsi.

Le inclinazioni politiche delle donne spesso sono guidate da un solo problema, ma adesso le donne sono spronate ad accogliere l'idea di essere e avere tutto. C'è chi dice: puoi avere tutto. Lo dice a fin di bene. Lo dice per incoraggiare. Lo dice per emancipare. Lo dice intendendo che puoi avere tutto ciò che tipicamente ha un uomo. Lo dice intendendo che puoi avere un matrimonio, dei figli, una carriera. Questa, dicono, è la parità. Davvero? Questa versione di «tutto» è «tutto» quello che esiste o può esistere?

A volte mi chiedo se il mio domandare, il mio espandere i confini o sfidare le convenzioni, non sia in realtà assolutamente banale. Penso di scardinare un modello sessista mentre invece, forse, lo seguo in traiettorie esclusive ed elaborate che mi danno un'impressione di libertà, di novità. Ho abbandonato il mio lavoro in ambito pubblicitario per sfuggire a un ambiente maschilista. Ma ho potuto farlo soltanto perché mio marito era disposto a sostenermi economicamente nella scommessa di guadagnarmi da vivere come scrittrice. Ho abbandonato la pubblicità ma l'imperativo a promuovere, a vendere, mi ha seguita nel mondo della letteratura, soltanto che in quel caso ero io il prodotto da reclamizzare. Ho deciso di non avere figli ma mi sono sposata, ho comprato un appartamento, ho aperto un fondo pensionistico. Se c'è qualche differenza tra l'esistenza tipica di una persona cisgender della classe media e la mia è soltanto nella quantità di tempo e nel grado di libertà con cui mi dedico a ogni tema o progetto che mi interessa. Non è un lusso da poco, ma è tutt'altro che una differenza radicale da un modello di vita normativo.

La domanda su quale differenza abbiano fatto le mie scelte nella mia vita ha una gemella siamese: che differenza hanno fatto le mie scelte sulla vita degli altri?

Bebe. La mia famiglia mi ha dato questo nomignolo molto presto, quando ero solo una bambina. In Punjabi, Bebe significa madre, nonna, bisnonna. La mia famiglia lo intendeva come Grande Madre; scherzavano sulla mia tendenza a essere troppo materna (e soffocante) nei confronti di mia sorella e degli altri, grandi e piccini. Spesso mi scovavano nelle stanze della bambinaia, mentre giocavo a fare «la mamma» con i neonati. Forse perché ero la figlia maggiore, forse imitavo quello che mi circondava, forse in parte era – o è diventato – un aspetto del mio carattere. Da ragazzina mi piaceva quella parte perché era l'unica che si addiceva sempre a una donna, lì la sua competenza era assodata. A volte dimostri una certa sicurezza in alcune cose semplicemente perché gli altri se le aspettano da te.

I miei familiari usano tuttora il nomignolo Bebe e, tuttora, questa mio aspetto si manifesta in modo più spiccato in loro compagnia. So che mia sorella è infastidita quando dice: okay Bebe. Capisco che mia mamma ne ha abbastanza quando dice: Bebe la sa più lunga. Mi accorgo di essere ricascata nel mio ruolo di Bebe quando mio fratello, dodici anni più piccolo di me, dice: per favore fai dei figli così puoi dire *a loro* cosa fare. Malgrado il mio lato Bebe, non sapevo se volevo figli, perché temevo mi avrebbero risucchiata completamente nel ruolo per come lo concepivo allora: madre aggiusta-tutto, aiutante, infaticabile accudente, madre salvatrice. A quel punto avevo già conosciuto molte donne che parevano destreggiarsi tra la maternità e molte altre cose, ma non mi rassicurava. Nemmeno quando mio marito disse che avrebbe lavorato di meno per prendersi cura dei nostri figli mi convinsi: sarei mai riuscita a permetterglielo? A volte, i ruoli che sembrano fatti apposta per noi non sono i migliori per noi.

Devi avere figli, diceva Mumji, una donna senza figli è incompleta. Non devi avere per forza figli, diceva mia madre, puoi fare da madre al mondo. Non so per certo cosa intendessero. Non siamo tutti noi, sempre, contemporaneamente, completi e incompleti? E «fare da madre» – a uno, a tutti, a nessuno – non è un compito terribilmente complicato, Bebe o non Bebe?

Adesso ho più motivazioni per non avere figli rispetto a quando presi la decisione, intorno ai trentacinque anni. A volte si matura nelle proprie scelte, si comprendono e raccontano meglio dopo averci convissuto a lungo. Posso dire: considerata la crisi climatica, mi sembra etico non avere figli. Posso dire: non avere figli mi ha lasciato più tempo per la scrittura e l'attivismo. Posso dire: non avere figli mi ha reso più politica. Posso dire che non aver avuto figli mi ha costretta a cercare altre forme di «famiglia». È saggezza o autoconservazione? A volte me lo domando, e così facendo mi ritrovo a soppesare la vita, quel tentativo impossibile e insensato di misurare ciò che è e ciò che non è stato. Avrei ottenuto «di più» facendo così o cosà?

Non avere abbastanza, desiderare di più: questi sono i tratti distintivi del capitalismo, «avere tutto» è l'apice di una mentalità che concepisce la vita come una serie infinita di vittorie. Il fascino di «avere tutto» rafforza intrinsecamente la disuguaglianza, perché la sua promessa non sarà mai alla portata di tutti. Chi insiste che «avere tutto» sia non solo desiderabile ma pure fattibile dovrebbe, almeno, definire meglio l'obiettivo: puoi avere tutto, ma non tutto insieme. Perché in realtà nessuno – nessuna donna, nessun uomo – può essere, in un dato momento, un buon lavoratore, un buon genitore, un buon coniuge, un buon amante, un buon amico, un buon fratello, un buon cittadino, un buon collega, un buon figlio... e restare in buona salute. Diversi ruoli e responsabilità diventano prioritari in fasi diverse della vita e questo significa trascurare per un po' alcune parti di noi, alcune parti delle nostre vite, a volte per molto tempo, a volte per sempre. E poi che valore ha «tutto», se il lavoro delle donne è ancora svilito, meno remunerato rispetto a quello degli uomini? Cosa c'è di tanto bello a fare tutto per meno? Se si trascurano questi aspetti le donne saranno comunque oppresse dal fardello di lottare per un'esistenza fantastica ma impossibile, a maggior ragione se «avere tutto» significa, ovviamente, essere brave in tutto, con quel «brave» misurato secondo i classici orpelli: promozioni, aumenti, più beni materiali, partner sorridenti, bambini felici. La vecchia idea dispotica di come una donna dovrebbe apparire – essere magra *e* formosa – si estende al concetto persino più ampio, ma più costrittivo, di come dovrebbe essere. Ed è proprio il caso di dire *dovrebbe*, non *potrebbe*, perché nei paesi occidentali questo ideale è così ubiquo da diventare unanime. Nel tentativo di raggiungerlo, le donne non possono che esibire tratti tradizionalmente associati agli uomini: competitività, spietatezza, aggressività. Forse è per questo che molte donne che rientrano nello stampino «avere tutto» sono considerate più «mascoline». Se certi comportamenti consentono di prosperare in un determinato ambiente, per avere successo devi adottarli – in modo più o meno naturale, a seconda della personalità.

Ci sono donne con partner – uomini apparentemente illuminati, incoraggianti – che dicono: mio marito è la tata, per quanto riguarda i figli. Donne che dicono: non avrei mai potuto scrivere questo libro / finire quel lavoro / prendermi una pausa senza la tata. Donne che dicono: non so come farei senza la tata. Le tate molto spesso sono altre donne (che molto probabilmente non possono – non potranno mai – «avere tutto»). Nel caso di donne meno abbienti, spesso sono gli altri membri femminili della famiglia a dare una mano. Dietro a ogni donna di successo, a quanto pare, c'è una schiera di altre donne che intervengono in modi che gli uomini, persino i più progressisti, sembrano ancora incapaci o riluttanti a fare. Nel migliore dei casi questi uomini dicono: capisco di dover aiutare di più. Devono ancora capire che non si tratta di aiutare di più... si tratta di fare la loro parte! È un cambiamento fondamentale nella concezione di ruoli e responsabilità. Nel libro *The Promise of Happiness*, Sara Ahmed analizza come «la felicità sia associata con certe scelte di vita e non altre, come la felicità sia immaginata quale conseguenza di un certo modo di essere». Nella nostra epoca di assottigliamento di risorse naturali e disuguaglianze sociali crescenti, «avere tutto» continua a essere sbandierato come l'obiettivo più prestigioso, la panacea della realizzazione personale. Anche nel caso non si raggiungesse, il tentativo basterà a renderti felice – perché l'alternativa è avere meno, e avere meno è la peggiore delle prospettive nel sistema di valori capitalista. Il perseguimento dell'obiettivo di «avere tutto» sembra mietere più vittime delle storie di successo, eppure rimane l'aspirazione più alta nel dibattito sulla vita delle donne. Avere tutto è avidità sconfinata, accumulazione infinita, ma si tralascia il fatto che questo approccio esclude inevitabilmente gli altri. Provare ad avere tutto significa restare intrappolati in un ciclo schizofrenico di sacrificio e sfruttamento. In sostanza, «avere tutto» è solo un altro modo in cui la società dice: sii più perfetta.

Gli uomini non hanno mai avuto «tutto» (o dato l'idea di volerlo – fino a poco tempo fa di certo non l'aspetto domestico), ma molti di loro hanno avuto incredibilmente tanto e con molta più facilità. Sotto la pressione di essere potenti, prestigiosi, di provvedere, molti uomini hanno rinunciato alla vulnerabilità, alla tenerezza, alla famiglia e, forse più significativamente, alla disponibilità ad accettare un'altra opinione. Le donne hanno sempre dovuto farlo – devono farlo – perché si districano in ambiti di esperienza diversi, persino opposti, come la maternità e il guadagnarsi da vivere, e tutto quello che sta nel mezzo.

C'è un momento sorprendente nella *Medea* di Rachel Cusk, la sua versione della tragedia di Euripide, in cui Egeo dice all'eroina tradita, abbandonata, disperata: «La mascolinità... è a un punto così morto. È meglio essere te, malgrado tutto». Questa affermazione sbalorditiva è echeggiata nell'ultimo libro della trilogia *Outline*, dove la conduttrice di uno show televisivo dice: «in realtà non c'era nulla di peggio che essere un maschio bianco mediocre di talento e intelligenza mediocri: anche la più derelitta casalinga è più vicina al dramma e alla poesia di quanto lo sia lui, perché se non altro [...] è capace di avere più di una prospettiva». Si può dissentire, ma senz'altro è importante tenere a mente questo pensiero, in un periodo nel quale la politica è intrisa del veleno ad alto voltaggio degli uomini mediocri immersi nella frenesia del loro unico problema: paura e orgoglio ferito, scaturiti dalla consapevolezza di essere prossimi a perdere uno status spesso immeritato e detenuto a lungo.

Jessa Crispin dice che nell'arco delle nostre vite «non riusciremmo a vivere come hanno vissuto finora gli uomini». Ha ragione; e non soltanto per la persistenza delle strutture patriarcali, o l'intransigenza della natura umana, o le trappole del cuore. È perché ci sono molti altri fattori sociali e ambientali in grave pericolo. Il fatto è: nessuno di noi, uomo o donna, potrà continuare a vivere come prima.

Greta Thunberg dice: più mi informo sulla crisi climatica più mi accorgo di quanto il femminismo sia fondamentale. Dice: se vivessimo in modo più sostenibile [...] ci sarebbe più uguaglianza: non ci sarebbero differenze così nette nello stile di vita e tutti potremmo vivere nei limiti del pianeta.

Esiste un femminismo che potrebbe renderci più sostenibili come specie? Oppure vivere in modo sostenibile potrebbe renderci meno sessisti? Entrambe le possibilità possono essere vere – o forse nessuna.

Due importanti studi scientifici europei hanno dimostrato che gli uomini, in media, hanno un'impronta ecologica superiore alle donne, dovuta soprattutto agli spostamenti e all'alimentazione: usano macchine e aerei più spesso, consumano più carne. Solo in termini di trasporto, gli uomini consumano tra il 70 e l'80% di energia in più rispetto alle donne in Germania e in Norvegia, il 100% in più in Svezia, e fino al 350% in più in Grecia – a causa soprattutto dell'uso intensivo e individuale dell'automobile. I ricercatori dicono: la differenza può essere equilibrata nel futuro, «nella misura in cui le pari opportunità daranno alle donne più possibilità lavorative mentre gli uomini si occuperanno più dei lavori domestici». Questa versione di «pari opportunità» sembra sottintendere che a un certo punto avremo tutti le stesse possibilità di sfruttare le risorse del pianeta, le stesse possibilità di inquinarlo. Quali altre forme può assumere il femminismo? Quali mosse possono definire una lotta che non sia un K.O. biunivoco ma un'azione collettiva, uno sforzo creativo comunitario di immaginazione? È possibile, per dirla con James Baldwin, sognare il potere se non in termini di forza?

Se la solidarietà richiede un'attenzione attiva ai bisogni e agli interessi altrui, una pari considerazione dei bisogni e degli interessi, allora davvero la solidarietà femminista si spinge oltre: è la disponibilità ad agire contro gli interessi radicati che hanno plasmato e sostenuto i propri. La solidarietà femminista non è incondizionata, non risponde alla vecchia aspettativa di abnegazione assoluta delle donne. Al contrario, è continuamente ricondizionata per ogni causa e contesto. È una solidarietà radicale che riconosce un bisogno molto più grande, il bisogno, come dice Judith Butler, di «alleanze precarie e scomode nella lotta per la giustizia sociale, politica ed economica». Solo all'interno e attraverso queste alleanze si può raggiungere la forma di potere più possente: il potere straordinario, come dice Arendt, dell'«incerto e temporaneo accordo di molte volontà e intenzioni». È un potere rischioso, perché mette a repentaglio se stesso. È un potere plurale, composto e sorretto da molti, in costellazioni continuamente in movimento. In quanto tale potrebbe esprimersi e manifestarsi in modi nuovi e sorprendenti, diversi dall'incedere impettito, arrivista, asservente della modalità maschile dominante.

Sia Arendt sia Butler riconoscono che oltre ad allearci gli uni con gli altri, dobbiamo capire come vivere insieme. Butler dice: una politica di alleanza [...] si fonda e richiede un'etica di coabitazione. Per Arendt questo vivere insieme dipende da una certa prossimità fisica. Dice: è solo dove gli uomini (e le donne) vivono in tale prossimità che le potenzialità dell'azione sono sempre presenti, il potere può restare con loro [...]. Ma la semplice vicinanza corporea non è un requisito sufficiente per il potere. Nel nostro mondo interconnesso, interdipendente, il potere di agire in modo davvero trasformativo dipende allo stesso modo da un altro genere di prossimità: l'intimità di interessi e ideali condivisi. Gli scioperi internazionali delle donne incarnano un esempio di questa attualizzazione di potere, così come ogni singolo intervento umanitario di cittadini che rischiano di passare guai con la legge per aiutare migranti e rifugiati a raggiungere paesi che vogliono negare loro l'accesso. Questi atti di disobbedienza civile possono scuotere le fondamenta che sorreggono i più avvantaggiati, senza mai sfiorare con il pensiero gli afflitti. A modo loro, esemplificano delle azioni alla MeToo. Dicono: anch'io rifiuto di accettare le cose come stanno.

Nel nostro pianeta tormentato sarà possibile ottenere giustizia – per tutti gli esseri umani, ma anche per gli animali e le piante con cui condividiamo la terra – soltanto se alcuni di noi accetteranno di meno, altri rinunceranno di più. In questo contesto, il femminismo deve essere un tentativo di allargare la sfera di compassione, di espandere la visione di chi siamo, di chi includiamo nel cerchio della comprensione e negli spazi di potere. Anziché lottare per «avere tutto», battersi per «condividere tutto».

E se molte più di noi seguissero l'esempio delle donne in sciopero e dicessero: uscirò prima dalla fabbrica, dall'ufficio, dall'università, dal negozio finché non sarò pagata quanto un uomo altrettanto qualificato per lo stesso lavoro? E se più uomini dicessero: uscirò prima dalla fabbrica, dall'ufficio, dall'università, dal negozio finché qui le donne non saranno pagate quanto un uomo altrettanto qualificato per lo stesso lavoro?

E se più uomini dicessero: scelgo una carriera da infermiere – da maestro d'asilo, da tata, da badante – e farò tutto il possibile per accrescere il prestigio e la paga di questi lavori?

E se dicessimo: istituiamo asili nido gratuiti per tutti e assumiamo non soltanto donne, ma anche uomini di ogni età e provenienza? E se, al tempo stesso, introducessimo un anno di congedo parentale retribuito per uomini e donne, con sei mesi obbligatori per ciascuno? E se le persone ricevessero bonus più alti per aver preso un congedo parentale completo, per aver investito tempo nel futuro di un altro essere umano, anziché puntare sul futuro finanziario?

E se la nostra società dicesse: tutti, dappertutto, devono prestare servizio sociale obbligatorio? Un anno di collaborazione retribuita nel paese di residenza, più sei mesi all'estero a metà della carriera lavorativa. Il primo semestre da adolescente, il secondo a vent'anni, il terzo più tardi – a quaranta, cinquanta, sessanta. E se una parte di quel servizio fosse prestata in asili nido, case di riposo, allevamenti, fattorie, parchi naturali?

E se questo elenco, questo tentativo di immaginare alternative, di dare il benservito al capitalismo fosse in realtà ancora profondamente limitato dal pensiero capitalista? E se ogni riga confermasse, per quanto in modo obliquo, quell'affermazione terribile, ripetuta all'infinito, di cui non si rintraccia con certezza l'origine: è più facile immaginare la fine del mondo che la fine del capitalismo?

E se i governi dicessero: introduciamo un Reddito universale di assistenza, un pagamento fatto a ogni cittadino che assiste un bambino, un parente o un coniuge malato, un genitore anziano, un amico ferito o uno sconosciuto emarginato? Chiunque si assuma un impegno a lungo termine per aiutare e supportare persone che per stare bene dipendono da quell'aiuto è idoneo per un pagamento dall'ammontare ben distante dalla somma modesta proposta finora – all'incirca mille euro o dollari al mese – ma il doppio, il triplo, quattro, cinque volte tanto. Forse allora la percezione del lavoro di cura – che è indispensabile per ogni società sana e fiorente – finalmente cambierà, sempre più persone riconosceranno che è inestimabile.

E se più istituzioni dicessero: la prima tornata di colloqui per qualunque posizione lavorativa sarà anonima, le strutture salariali saranno trasparenti, dovranno esserci più donne che uomini nel consiglio di amministrazione? Forse non dovremo aspettare oltre un secolo per colmare il divario salariale.

E se molti più di noi dicessero: non comprerò da aziende che sfruttano le persone o l'ambiente? E dicessero: consumerò di meno, punto.

E se molti più di noi dicessero: dovrebbe esserci maggiore parità di genere e diversità all'interno dei partiti e alla loro direzione, non sosterremo i partiti che fanno altrimenti?

E se i direttori di giornali dicessero: invertiamo la tendenza storica, sovvertiamo lo status quo – per un certo periodo le prime pagine e i notiziari di punta diventeranno il campo di gioco esclusivo di donne e minoranze, saranno loro a decidere temi, punto di vista, messaggio? Se non altro sarà un passo coraggioso per combattere la *media fatigue*.

E se più insegnanti dicessero: concentriamoci sul ruolo delle donne nel passato, soffermiamoci sulle relazioni con gli altri paesi nel tempo, riflettiamo su chi è stato celebrato o rifiutato, chi abbiamo sfruttato e di cosa ci siamo appropriati, come siamo diventati quello che siamo, perché ci comportiamo come facciamo?

E se i capi religiosi dicessero: Dio è – è sempre stato – anche una donna? I nostri profeti e messia non sono solo uomini, sono anche donne, o potrebbero essere entrambi, o altro.

E se più leader – di paesi, aziende, istituzioni – dicessero di volere, esplicitamente, codirigere? E se ammettessimo che la leadership non è – non è mai stata – il culto di una sola persona, bensì gli sforzi congiunti di molte persone, di cui molto spesso è un solo uomo a prendersi il merito e solo raramente la colpa? E se alcuni leader decidessero di condividere la loro posizione con qualcun altro per un po', magari un loro simile o perché no qualcuno di generazione, genere, classe, razza diversa, assicurandosi che riceva una paga equa?

E se i partiti politici, e quindi le nazioni, introducessero un principio di leadership congiunta – sempre una coppia di genere diverso?

E se i ministri degli esteri dicessero: nel corso del mio mandato, ogni sei mesi, inviterò una persona proveniente da un paese e da un contesto diverso a governare insieme a me?

E se i ministri per la famiglia dicessero: le persone sposate con figli non saranno le uniche a ricevere aiuti economici, sgravi fiscali e vantaggi legali; tutte le forme di convivenza a lungo termine e di comunità sostenibile saranno riconosciute e supportate?

E se i ministri all'economia dicessero: i gruppi ambientalisti, i sindacati e gli attivisti per i diritti civili avranno a disposizione più tempo per perorare le loro cause rispetto alle lobby industriali?

E se i datori di lavoro in tutto il mondo dicessero: ridefiniremo gli stipendi affinché rispecchino il valore sociale e ambientale? E se i bonus rispecchiassero qualsiasi forma di contributo, invenzione, azione che possa migliorare drasticamente il benessere del pianeta o dei suoi abitanti?

E se dicessimo: introduciamo il suffragio universale per tutti, fin dalla nascita? Come cambierebbe la nostra percezione del voto, chi decide per chi, quando un individuo conta abbastanza da avere voce in capitolo?

Per vincere una battaglia non bisogna soltanto sottomettere, sminuire, distruggere. Nelle battaglie efficaci bisogna fermarsi, porsi domande, ascoltare, trasformarsi, restare solidali. Comunque sia, non ci si unisce alla lotta femminista nella prospettiva di una vittoria immediata. Lotti perché è l'unico modo di vivere con integrità. Lotti sapendo che il tuo campo di battaglia è solo un angolo minuscolo in una battaglia su più fronti. Lotti accettando che anche al tuo meglio sei sempre in fase di allenamento – ti adatti, ti irrobustisci, affini mosse e strategie nell'impresa in infinita evoluzione chiamata femminismo. Lotti considerando che ogni colpo messo a segno può aiutare o indebolire un'altra causa. Lotti perché resistere è l'unico modo di combattere il rischio implacabile di perdere.

Soggetti di desiderio

[...] iniziamo qualcosa; gettiamo il nostro filo in una rete di relazioni. Non sappiamo mai che ne sarà [...]. Questo vale per ogni azione. Semplicemente, molto concretamente, perché non è possibile saperlo. È un rischio. E ora vorrei aggiungere che il rischio è accettabile solo se ci fidiamo delle persone. O meglio, se ci fidiamo dell'umanità di tutte le persone – una fiducia difficile da definire precisamente, ma fondamentale. Altrimenti, sarebbe inaccettabile.

HANNAH ARENDT

Non mi serviva uno specchio, hai detto, perché tutte le altre donne mi rispecchiavano.

Trentanove di te-me-noi. Trentanove e più versioni di noi, in ghingheri, vestite come mai prima e, forse, come mai più. Moltitudini.

Tu tu tu tu tu tu tu tu tu tu tu tu tu tu tu tu tu tu tu tu tu tu tu tu tu tu tu tu tu tu tu tu tu tu tu tu tu tu tu.

Singola e plurale. Assolo e coro.

Ero dentro a tutte loro, hai detto, e loro dentro di me.

Trentanove donne di età diverse – dall'adolescenza all'ottantina – e provenienti da contesti diversi riunite su un set. Donne che sono già in qualche modo connesse, se non direttamente l'una con l'altra, almeno l'una attraverso l'altra. Donne connesse dagli sforzi congiunti di fabbricare nuove possibilità nel mondo: nuovi modi di essere, vedere, condividere; nuovi modi di osare, insieme. Donne che, nel loro pensiero e nella loro azione, incarnano *visioni* anziché essere *rappresentazioni*. Donne che manifestano già un altro futuro. Queste donne fanno il loro ingresso nell'epicentro dell'alta moda, sfruttano il suo campo gravitazionale per creare immagini che mostrano le loro esperienze e alleanze, immagini nate da un'idea di solidarietà intesa come bellezza.

Che cosa indosserai? ha domandato mia madre appena le ho detto che sarei stata in una rivista di moda, sottolineando che avrei provato a sovvertire quello spazio insieme ad altre trentotto donne. Che cosa indosserai? mi domandava spesso mia madre per un'uscita appena fuori dall'ordinario. In realtà domandava: che cosa dirai – su di te, sull'evento, sugli altri partecipanti? I vestiti devono essere consoni all'occasione, possono contribuire a crearla; l'ho capito da bambina dal modo in cui mia madre si agghindava per i compleanni, per il pranzo della domenica, per la visita da un parente, per una cena al ristorante. I miei fratelli, mio padre e io apparivamo più eleganti in quelle occasioni, ma nel caso di mia madre c'era solo una leggera differenza – tessuti più sfarzosi, gioielli più vistosi, scarpe più ricercate. Era sempre affascinante, spiccava. Era la madre che aspettava all'uscita da scuola con le scarpe rosa e la borsetta abbinata, che veniva alle giornate sportive con i tacchi alti. Sì, a volte i vestiti fanno l'occasione ma possono anche distorcerla. Se ti presenti troppo dimessa o elegante – che sia intenzionale o no – suonerai una nota stonata, un'increspatura netta nel ritmo sartoriale di un raduno.

Susan Sontag ha detto: essere femminili, secondo una definizione comunemente data, *è* essere attraenti, o fare del proprio meglio per essere attraenti, per attrarre [...]. È perfettamente possibile sconfiggere questo imperativo, ma è impossibile che una donna ne sia inconsapevole.

Ne sono stata consapevole fin da subito. Eppure qualche volta resistevo all'imperativo – non da una prospettiva ben ragionata, ma per una confusione inesprimibile su chi fossi, chi dovessi essere o chi potessi essere. In risposta a questo, mia madre cambiava approccio: tu sei l'occasione, diceva. Lo fai per te stessa, diceva. Per lei i vestiti erano un'altra lingua, quella che padroneggiava meglio. Se il suo stile fosse una frase, sarebbe lunga e sinuosa; punteggiata di colori come virgole e orecchini come punti fermi. Una frase su cui indugi, che rileggi, provi a imitare.

Ammiravo lo stile di mia madre, ma per quel che mi riguardava non volevo disturbarmene – o meglio, esserne disturbata. Che liberazione l'epoca in cui jeans e scarpe da tennis sarebbero diventati accettabili in quasi ogni occasione. I tempi e le usanze cambiavano, e dall'esterno sembrava che anch'io cambiassi, ma in fondo in fondo sapevo di non essere poi così diversa. Dentro di me era radicata una necessità, un'avidità di vestiti, una componente della doppia elica che formava un motivo ricorrente nel mio pensiero sulla moda: desiderio e sospetto si avvolgevano l'uno attorno all'altro, unendosi a intervalli regolari di curiosità, passione, amore, fame, ambizione, disperazione.

Trentanove donne che creano insieme. Chissà che sensazione dà, che aspetto e suono può avere.

Questo era l'invito.

Un'artista aveva accettato di fare da guest editor per il numero di gennaio 2020 di un'importante rivista di moda, a patto di collaborare con altre donne. Doveva essere un'impresa collettiva perché la sua idea per quell'edizione, in sostanza, era di mostrare donne unite da rapporti significativi.

Attrazione, ovviamente, non significa semplicemente catturare l'attenzione, suscitare il desiderio o evocare un puro piacere estetico nell'altro. L'attrazione può essere più complessa: vestirsi per ammantarsi di qualità – autorità, potere – che evocano rispetto, obbedienza, deferenza. Vestirsi per suscitare invidia, sorprendere, spiazzare, esigere, tenere a debita distanza, ripugnare. Molto dipende da cosa vuoi attrarre.

Le lunghe frasi di mia madre la tenevano ben riparata, quasi nascosta, persino se erano studiate per catturare e trattenere lo sguardo. Erano avvolte attorno a lei con tanta attenzione, con tanta maestria, che invitavano a credere nella narrazione di sicurezza e integrità e trasformazione.

Fare spazio. Forse l'opera d'arte si può riassumere così. Rifare, disfare, stupefare. Qualunque sia l'ambito - una stanza, una tela, una mente, un concetto - lo altera. Alberi abbandonano i loro tronchi e si trasferiscono all'interno con acrilici psichedelici. Stanze *turchesi-grigie-rosse* si ammorbidiscono in un caos coltivato di colori. Dipinti *arancioni-magenta-marroni-verdi* mutano in sculture, drappi, paraventi e tappeti. Oggetti disparati *neon-bianchi-viola* si uniscono sotto manti di pixel *blu-gialli-rosa-argento.* Comunità inaspettate di cose e idee create attraverso l'applicazione del colore.

Nel suo libro *Dressed*, Shahidha Bari dice: la vita accade nei vestiti. Per mia madre, per certi versi, i vestiti erano la vita: più di semplici accessori per un evento, potevano far accadere le cose. Almeno così lei sperava, così lei credeva. Forse, di tanto in tanto, così succede. Nel corso di tutta la sua vita adulta, mia madre ha disegnato e cucito vestiti per se stessa, per mia sorella e per me. Per un po' ha creato e venduto vestiti a livello professionale. Non vedevo l'ora di dirle del progetto per la rivista di moda, nessuno era più emozionato di lei. Quando ha detto: che cosa indosserai? mi sono accorta, all'improvviso, di quanto fossi riluttante a concepire l'impresa in termini di vestiti. Sicuramente l'avremmo immaginata in modo completamente diverso, affinché i vestiti della rivista fossero solo accessori? Sicuramente l'avremmo espressa in una grammatica che andava oltre l'abbigliamento? Non ne ho idea, ho risposto a mia madre, ma cascasse il mondo indosserò una delle tue sciarpe.

Per un'artista, ogni creazione e installazione sono fasi di una meditazione in divenire sull'idea di limite, di confine, di estremità. Spesso sembra che esista solo ciò che ti ha preceduto, ma nelle vicinanze c'è probabilmente un'altra p/arte: dietro, oltre un muro, tre stanze più in là, all'esterno dell'edificio, sul tetto o completamente altrove, lontano, fuori dal campo visivo.

Donna Haraway ha detto: abitare i confini è una pratica rischiosa.

Questa visione non ha paura di prendere spazio: si diffonde e si espande – giocosa, pensosa, ribelle – invitandoti a unirti.

Fashion, moda, non è solo un termine che indica uno stile in voga; è anche un verbo – *to fashion*, fabbricare – che significa creare qualcosa con le proprie mani e con l'immaginazione.

Nei mesi precedenti al servizio fotografico per la rivista ci siamo incontrate in gruppetti ogni volta diversi. Insieme abbiamo provato a immaginare che genere di fotografie avrebbe mostrato la nostra solidarietà, una solidarietà fondata su anni passati a riunirci in costellazioni sempre differenti; anni passati a espandere il circolo dei contatti; anni passati a collaborare a campagne politiche e iniziative sociali; anni in cui qualcuna di noi ha cofondato WIR MACHEN DAS, un'organizzazione non governativa impegnata ad aiutare migranti e rifugiati, ottenendo anche riconoscimenti; anni passati a vederci cambiare e crescere, riuscire e fallire; anni passati ad amare quello che avevamo e stavamo costruendo, persino nei momenti di disaccordo e disincanto; anni passati a comprendere che l'amicizia si intensifica parlando, ma forse si coniuga in modo più inteso agendo; anni passati a non considerarci un gruppo in privato e in pubblico. E ora stavamo per fare qualcosa di completamente diverso, un atto più rischioso, eloquente, di fabbricazione.

Come può un gruppo di donne che si considera femminista accettare di collaborare con una rivista che, per molti versi, incarna sessismo, razzismo, capitalismo?

Una rivista di moda è un'istituzione. Come tutte le istituzioni ha le sue strutture, i suoi paradigmi e la sua storia. Nel caso di alcune riviste di moda, la storia è onnipresente in un certo immaginario definito nelle proprie pagine e poi riprodotto un'infinità di volte altrove, mettendo in scena sempre lo stesso copione predefinito. Che cosa significa avere «carta bianca» in un contesto simile?

Qualunque cosa tu fabbrichi – come artista, scrittrice, architetta, gruppo – alla fine apparirà in un quadro più ampio: i parametri della galleria, del negozio, della città, del paese, del mondo. Il rapporto tra creazione, presentazione e ricezione è carico di tensioni che possono essere molto produttive, ma anche riduttive. Come districarci in questa tensione? Quanta libertà avremmo avuto? Avremmo avuto il coraggio di usarla come desideravamo?

Judith Butler ha detto che l'esercizio della libertà non è qualcosa che si origina in te o in me: la libertà è qualcosa che si origina tra noi, dal legame a cui diamo vita nel momento in cui esercitiamo insieme la nostra libertà.

Disrupt the Script, ci siamo rifatte a questo slogan femminista degli anni novanta. Ovviamente non volevamo soltanto stravolgere il «celebre copione» di una rivista di moda rinomata, ma i nostri copioni personali – come gruppo e come individui. Serve un cambiamento a tutto tondo per imprimere uno stravolgimento reale e duraturo.

Angela McRobbie ha detto: ovviamente l'industria della moda è quasi totalmente femminilizzata. Se escludiamo qualche uomo ai vertici, il settore manifatturiero e di vendita, designer celebrità e editor, la sfera di produzione e di consumo è ed è sempre stata femminile. Basta questo perché la moda *sia* una questione femminista. Il copione è un'azienda mediatica globale che produce alcuni dei marchi leader nel digitale, nei video, nei social e nella stampa, tra cui una rivista di moda. Il copione è una rivista pubblicata per la prima volta un secolo fa, che ora ha diverse edizioni internazionali. Il copione è una macchina ben oliata che include designer e relativi assistenti, editor e relativi assistenti, stilisti e relativi assistenti, fotografi e relativi assistenti, modelle e, come sempre, altri assistenti. Una macchina espertissima nel presentare le donne come «perfette», in un modo impossibile-da-raggiungere-per-chiunque-stia-fuori-da-quelle-pagine, a prescindere da cosa compri e cosa faccia. Il copione è un immaginario pensato per indurre le donne ad aspirare al canone di bellezza e desiderio occidentale. Il copione è il capitalismo, che dice consuma e fatti consumare. E te-me-noi? Reclute di un sistema che vuole darsi alla macchia, riconcepire il set, cambiare il cast, interpretare personaggi diversi, pronunciare nuove battute.

Come sto? chiedeva immancabilmente mia nonna, Mumji, quando ci vedevamo. Era la controparte di un'altra sua domanda insistente: cos'hai mangiato? Quest'ultima le dava la possibilità di nutrirti, saziarti, viziarti – per poi crogiolarsi nel tuo appetito, interpretando ogni boccone come un elogio, persino quando ti tenevi la pancia tra le mani, rifiutavi di mangiare altro e ti pentivi di aver ceduto al suo banchetto. Come sto? dava *a te* la possibilità di nutrirla, saziarla, viziarla – di complimenti, che per lei non erano mai abbastanza. In effetti non desiderava la semplice ammirazione, voleva l'idolatria. Solitamente rispondevo quello che voleva sentirsi dire: benissimo, sei così giovane. Non era una bugia, stava sempre benissimo, ma crescendo la risposta era solo in parte sincera. Non volevo essere costretta a parlare di apparenza, men che meno adulare a comando. Una parte di me era infastidita dalla sua dipendenza, che stranamente conviveva con la certezza di avere il dono di una bellezza superiore e dell'eterna giovinezza. Una parte di me detestava la sua fissazione con l'aspetto, che disapprovavo perché l'avevo in parte ereditato, proprio come avevo ereditato la sua ossessione per il cibo. Un'altra parte di me si chiedeva perché non potessi semplicemente accontentarla: che male c'era a soddisfare la sua vanità? Eppure era difficile prendere alla leggera tutto ciò che riguardava l'aspetto, perché conoscevo la sua storia, cosa c'era dietro all'abitudine di osservare e confrontare. Sapevo che doveva salvare le apparenze – letteralmente, fisicamente – perché era il suo modo di affrontare e di tenere a bada gli episodi di violazione, di rottura. Avere un bell'aspetto era un modo di mantenersi intatta. E se lei appariva al meglio, sicuramente gli altri avrebbero sorvolato su tutto il resto, incluso il suo passato che – a prescindere se fosse sua responsabilità – agli occhi della comunità era sua soltanto. Il dolore, la vergogna erano suoi, a prescindere da chi altro vi avesse preso parte, l'avesse iniziata o inflitta.

Noti qualche differenza tra me e le altre *chachi*? mi chiedeva Mumji con disinvoltura dopo un raduno familiare, pretendendo una lista dettagliata delle differenze fisiche con le altre donne della sua generazione. Sei andata ancora in vacanza? domandava facendo versi di disapprovazione. Guarda che colore. Tutto quel sole ti fa male! Chi penserà che siamo parenti? Solo un'altra domanda in una lunga tradizione inquisitoria, in cerca di distinzione. Decenni fa, ai matrimoni, diceva a sua figlia – mia madre, molto prima che diventasse mia madre – chi è più bella, io o la sposa? Nelle uscite o nelle riunioni più ampie diceva a quella giovane figlia: vedi come tuo padre guarda le altre donne e poi me? Quando la figlia, adolescente, tornò a casa sconvolta per essere stata molestata da un gruppo di ragazzi, disse: che cosa? Ma se nessuno ti guarda, figuriamoci seguirti per strada! Quando la figlia, ormai una donna adulta, le raccontò cos'altro le era successo nell'infanzia, Mumji disse: se è così, perché non l'hai detto subito? Come facevi a sembrare così normale? Perché hai continuato a parlare con lui? Dopo, Mumji disse: chi altro lo sa? Che cosa penserà la gente?

A un certo punto ho cominciato a rispondere a monosillabili al come sto di Mumji: bene, al solito. Lo detestava. In che senso? Com'è possibile? Avvicinava la faccia alla mia, girava la testa a destra e sinistra, come per offrirmi una prova incontrovertibile. Provavo a cambiare argomento, solo per sentirmi rifilare l'ultimo racconto di qualche sconosciuto che le aveva fatto i complimenti per strada, dottori che volevano vederci chiaro sulla sua «vera» data di nascita, autisti che si rifiutavano di credere che lei rientrasse nella fascia d'età del Freedom Pass.

Jenijoy La Belle ha studiato settecento opere letterarie per scrivere *A Dialogue of One – Women, Mirrors and Identity*. Ha scoperto che esistono poche scene di uomini allo specchio. Le donne, invece, ha notato La Belle, sono raffigurate mentre cercano se stesse nei suoi recessi. Ha detto: tutti gli uomini hanno un volto, ma molte donne sono il proprio volto.

Qualcosa dentro di me si ribella a questa conclusione, pur riconoscendo la sua validità. In questo caso la relazione malsana sottintesa tra donne e specchi è altrettanto costruita delle opere letterarie, solo che questa parte di costruzione – che potrebbe derivare da una realtà altrettanto costruita – è continuamente riprodotta e rafforzata all'interno, e attraverso, quella realtà. Riconosco ciò che dice La Belle, ma so anche che lo specchio – esatto e d'argento, come dice Sylvia Plath – non è la fonte di rispecchiamento più potente o affidabile. Lavorare alla rivista avrebbe mostrato, nel processo, quanti altri modi esistono di vedere ed essere visti.

L'hai riassunto alla perfezione quando hai detto: ci sono specchi migliori e si trovano guardando altre persone, che nel loro sguardo disvelano lo spazio vivente.

I sociologi potrebbero definirlo l'io riflesso: la tua immagine come qualcosa di proteiforme, co-formato, che rivela non solo il modo in cui vedi te stesso, o ti vedono gli altri, ma anche il modo in cui pensi di apparire al mondo. Può essere costruttivo, ma anche oppressivo.

Eppure esistono persone che guardiamo e in cui ci vediamo ingrandite senza distorsione, riconosciute senza giudizio, moltiplicate senza diluizione, accettate senza eccezione. Specchi migliori.

L'industria della moda è una specie di specchio fiabesco, al contempo seducente e minaccioso. Lo vedo come una variante dello specchio della *Regina delle nevi*, che deformava qualunque cosa in modo grottesco, accentuando il peggio. La moda spesso fa il contrario, riflettendo un mondo di «perfezione» ritoccata, dove tutti i soggetti hanno specifiche proporzioni fisiche e tutti gli oggetti - vestiti, accessori, vacanze, cosmetici - sono al servizio del raggiungimento e del mantenimento della perfezione. Lo specchio dice: compra e sarai più affascinante, sexy, migliore; compra compra compra per essere la più bella del reame.

Nella sua implacabile promessa di ottimizzazione, lo specchio-moda echeggia l'opposto dello specchio della *Regina delle nevi*, che aspirava a raggiungere il paradiso per rendere mostruoso anche quello… ma scivolò e cadde dalle mani del portatore, schiantandosi a terra, infrangendosi in milioni e milioni di pezzi. Secondo la fiaba alcuni di questi frammenti, più piccoli di un granello di sabbia, si dispersero in tutto il mondo. Una volta entrati nell'occhio di qualcuno vi restano, distorcono lo sguardo, mostrano solo il lato peggiore delle cose, poiché ogni minuscolo frammento di vetro conserva il potere dello specchio originale. Lo specchio della moda non si è infranto, il che la dice lunga sul suo potere e sul suo potenziale, ma è riuscito a infrangere l'immagine di sé di milioni e milioni di donne – perché chi lo guarda si ritrova inevitabilmente carente. Al suo peggio, la moda è una pagliuzza nell'occhio che deforma tutto ciò che vede.

Essere alla moda significa al tempo stesso adeguarsi a un'ideale passeggero e contribuire a fissare una specie di standard medio, un'uniformità simbolica. L'identicità nella moda non è mai uguaglianza, perché all'interno di ciò che è apparentemente uguale si trovano buchi indelebili di marca, accessibilità e qualità.

La varietà nella moda può essere, ed è, scambiata per individualità; in effetti, al momento c'è una spinta attiva a esibire la diversità, come se fosse solo una altra tendenza. Questa distinzione personale è spesso confusa per parità. Tuttavia non siamo tutti automaticamente sullo stesso livello soltanto perché possiamo distinguerci con i vestiti. Ogni capo di abbigliamento è codificato in modo diverso e il suo messaggio dipende dal contesto in cui è indossato.

Si può dire che la moda rende uguali solo per l'onere crescente che impone a tutti – a prescindere da classe, razza e genere (anche se è ancora sbilanciato sulle donne) – di essere sempre «alla moda», comprare più vestiti. Questa spinta privilegia lo stile sulla sostanza, la novità sulla sostenibilità.

The State of Fashion 2020, un report di McKinsey & Company, dice: il settore tessile rappresenta ancora il 6% delle emissioni di gas serra e tra il 10 e il 20% dell'uso di pesticidi. I detergenti, i solventi e le tinte usate nella produzione sono responsabili di un quinto dell'inquinamento idrico industriale, dal 20 al 35% delle microplastiche immesse nell'oceano sono riconducibili alla moda.

C'è anche una controcorrente: una crescita dei negozi dell'usato, di outlet per il noleggio di vestiti, marchi e designer impegnati a produrre abbigliamento più etico e sostenibile. Ma rappresentano solo una piccola fetta dell'industria nel suo insieme. Se anche questa proporzione aumentasse, diventando lo standard, non ci sarebbero comunque eccessi e sprechi, non sono forse impliciti nel termine «industria»?

La moda è essenziale nell'attualità, nel mondo dello spettacolo e della comunicazione. È una specie di tessuto connettivo delle nostre organizzazioni, dice Elizabeth Wilson nel libro *Vestirsi di sogni. Moda e modernità*. Ammette che le fabbriche che sfruttano i lavoratori e approfittano delle loro misere condizioni esistono da secoli nella produzione di abbigliamento. Dice: la moda esprime le ambiguità di un sistema economico che produce sogni e speranze, ma anche squallore, devastazione e morte.

La situazione descritta da Wilson nella prima edizione del suo libro, del 1985, da allora si è aggravata. La moda ha accelerato. Oltre trent'anni dopo, un altro libro – *Fashionopolis* di Dana Thomas – ha denunciato la realtà della moda:

il numero di persone che vivono il sogno si è ampiamente moltiplicato, ma anche il numero di chi ne paga la devastazione. Thomas dice: una persona su sei nel mondo ora è impiegata nel settore. Solo il 2% dei lavoratori nell'ambito dell'abbigliamento è pagato il minimo salariale, cioè quel che serve per nutrire, vestire e dare alloggio a una famiglia. Un indumento in media è indossato sette volte prima di essere buttato via. Il 99% dei vestiti oggi non è riciclato e la maggior parte finisce in discarica.

Questi dati riguardano soprattutto l'ambito della produzione di massa del prêt-à-porter, che è diverso dai capi mostrati nelle riviste di alta moda; anche se i due hanno un legame stretto, persino inestricabile. L'altra moda stabilisce le tendenze, fa da battistrada a chi prova a seguirla e superarla.

Per Mumji il volto era più importante della moda, ma non disdegnava i vestiti e di certo non li buttava mai. Ogni stanza nel quadrilocale dove ha vissuto da sola nell'ultima parte della sua vita era una cabina armadio personale. Valigie piene, impilate una sull'altra, armadi stracolmi di sari del corredo nuziale, i salwar kamiz di quando era più magra e in cui non entrava più, i vestiti disegnati da mia madre apposta per lei, che trovava scuse infinite per non indossare. Parlava per ore della qualità delle sue vecchie cose, la superiorità dei tessuti e della fattura, la robustezza – e spesso aveva ragione. Ma, con il passare degli anni, indossava quei capi sempre più raramente. Una delle prime donne indiane della sua generazione e della sua comunità a indossare i pantaloni, arrivò a preferire l'abbigliamento occidentale. Era incantata dal prêt-à-porter, dalle cose economiche e sbrilluccicanti. A ottant'anni scambiò i salwar per i leggins, i *chunis* per le collane a più fili. Alla morte di suo marito, si rifiutò di vestire di bianco per un anno secondo la tradizione sikh. Non era mai stata tipa da eseguire gli ordini, specialmente quelli dettati da mio nonno con cui aveva litigato fino all'ultimo, ma annunciò serissima che intendeva mantenere questo suo ultimo e unico desiderio: che lei apparisse sempre al meglio. Disse: non ha mai voluto che portassi il lutto; preferiva che mi vestissi in modo colorato. Sospetto che quel desiderio fosse inventato, però in quel momento provai la stessa ammirazione stupefatta di quando ero ragazzina. La amavo appassionatamente perché osava fare quello che voleva, ignorando la tradizione, indifferente alle espressioni scioccate e scandalizzate. Andò al funerale vestita di giallo.

La moda non definisce, diceva Elizabeth Wilson. Al contrario, è un termine che richiede una definizione.

Tutte le definizioni, persino le ridefinizioni, sono limitanti. La natura di questa attività è specificare, pur qualificando sempre.

La rivista con cui abbiamo collaborato aveva già ospitato guest editor in passato, due volte, in entrambi i casi uomini: uno stilista e un fotografo di moda. La rivista non aveva mai accettato che un gruppo di donne facesse come gli pareva nelle sue pagine. Perché ora sì?

Finora le riviste di moda hanno proposto un'iconografia immutabile, omogenea, molto riconoscibile, volta a consolidare un unico significato: solo così si può apparire, si può apparire belle, apparire in forma, essere accettate e ammirate. Adesso la versione digitale di queste riviste ospita una gamma più vasta di volti, fisici e storie, sempre però aderenti alla vecchia ortodossia della bellezza, l'inno ossequioso delle sorelle di carta. Finché la bellezza fisica rimarrà la categoria per eccellenza, l'immaginario è destinato a riflettere una certa identicità.

Noi trentanove – tu-io-noi – ci siamo poste la sfida di dare definizioni capaci di fissare, pur restando fluide.

Abbiamo immaginato il servizio fotografico come una conferenza: avremmo tenuto lezioni, dibattiti, letture, proiezioni, indossando tutte vestiti d'alta moda.

Abbiamo immaginato il servizio fotografico come una telenovela, con diversi personaggi e trame, molti colpi di scena, episodi di rabbia e di gloria, e tutto ciò che sta nel mezzo. Avremmo creato insieme un canovaccio, avremmo provato le nostre parti, avremmo trasformato la rivista in un palco dove recitare, dove non ci sarebbe stata nessuna distinzione tra la scena e le quinte.

Abbiamo immaginato il servizio fotografico come un'avvisaglia della sensazione che niente calzi in questo mondo progettato per gli uomini: avremmo indossati vestiti troppo stretti, larghi o strani, ci saremmo rimpicciolite in posti minuscoli, saremmo svettate sopra agli oggetti, avremmo strappato delle cose, appiccato il fuoco, bruciato buchi negli abiti, rotto la roba… avremmo mostrato i segni che lascia la vita, come deforma e riporta con i piedi per terra; come si può resistere, superare, crescere nonostante tutto.

Abbiamo immaginato il servizio fotografico come una vacanza, con pasti sontuosi e ore trascorse nella pigra indolenza, semplicemente deliziandoci della compagnia squisitamente vestita le une delle altre.

Abbiamo immaginato il servizio fotografico come una processione, noi divise in gruppi che protestavano per cause diverse, percorrendo il set, cartelli in mano, pugni alzati, testa alta.

Abbiamo immaginato il servizio fotografico come un laboratorio, al centro un lungo tavolo con i vestiti pronti a essere dissezionati, tutte noi raccolte intorno, prendevamo dei pezzi per analizzarli, cercando di capire dove fossero stati prodotti, a quale prezzo – per chi.

Abbiamo immaginato il servizio fotografico senza nessun vestito, tutte noi ritratte nude.

Abbiamo immaginato il servizio fotografico come un carnevale, con la musica, le maschere, i personaggi inventati.

Come sto?
Una domanda cosmetica.
Una domanda cosmica.
Una domanda implicita in un'infinità di altre domande.
Una domanda ineludibile nell'ambito della moda. Ineludibile, forse, in molti altri ambiti.

Guardo. Noto la pelle, i vestiti, i capelli, il trucco e mi dico di non farlo, perché è superficiale. Eppure guardo – con ammirazione o invidia o delizia o indifferenza – e guardando cerco di distogliere l'attenzione, di concentrarmi su altre caratteristiche. Pensavo di essermi allenata a guardare più spesso oltre la superficie, o almeno a guardare – persino me stessa – come se non stessi guardando, come se non me ne importasse.

Shahidha Bari dice: le esperienze del sé sono sagomate e tratteggiate da molte cose, inclusi i vestiti, e [...] il pregiudizio con cui disprezziamo i timori legati alle apparenze o releghiamo gli abiti al dominio della vanità ostacolano una comprensione significativa.

Come sollevarci al di sopra del guardare, pur sapendo che non esiste nessun «sopra»? Ogni soggetto e ogni sguardo è invischiato in diversi strati di storia, in risme di proiezioni, pregiudizi, possibilità e, soprattutto, potere – che più di tutti definisce l'ottica tra chi guarda e chi è guardato.

Ho incontrato per la prima volta la ragazza di mio fratello. Stavano insieme da qualche anno, un periodo avvolto nella segretezza perché alcuni membri della mia famiglia erano riluttanti ad accettarla come compagna di mio fratello per via «dell'aspetto», cioè della sua pelle scura. Mi è piaciuta prima ancora di incontrarla di persona. Avevamo parlato al telefono, visto le rispettive fotografie, scambiato regali. Quando ci siamo incontrate, in compagnia dei miei fratelli, sembrava che ci conoscessimo già da tempo. Fin da subito si è stabilito calore, familiarità, eravamo a nostro agio… o almeno così pensavo. In seguito mio fratello mi ha raccontato che la sua ragazza era molto nervosa, «specialmente per il modo in cui mi guardava Priya». In che senso? ho chiesto, mortificata. Ha scrollato le spalle, riso, ha detto che sembrava la stessi valutando. Ma era solo ammirazione, mi sono affrettata a chiarire, era così elegante, non ho potuto fare a meno di notare che… Eppure, all'improvviso, mi sono vista come Mumji, con i suoi occhi vogliosi, braccanti, che scavano dentro di te, ti giudicano, si aspettano qualcosa: riconoscimento, apprezzamento come balsamo per un ego ferito. Come guardo? mi sono chiesta, se il mio guardare dà questa impressione. Come posso guardare per trasmettere qualcosa di diverso?

In *Painting on the Page*, un libro sulle pratiche interartistiche, Rosemary Geisdorfer Feal ha detto: […] guardare significa interpretare, coinvolgere corpo e mente, escludere qualcosa, sia consapevolmente che inconsapevolmente. Ha detto: [...] gli osservatori sono costruiti dall'osservare almeno quanto loro in primis costruiscono ciò che osservano.

In un'intervista hai raccontato di un'esperienza formativa fatta da ragazzina durante un ritiro di pittura. Hai descritto la prima lezione, la meraviglia di dipingere all'aperto e i commenti stupefacenti dell'insegnante, che ti accompagnano da allora. L'insegnante disse: bene, nel tuo dipinto c'è un albero perché sei stata seduta davanti all'albero per sette ore. Ma sai cosa? Pure l'albero dietro di te è molto bello. Potresti inserire pure quello nel dipinto. Anche se non è di fronte a te.

Come guardo? Per un'artista, la domanda assume una connotazione completamente diversa. Creare significa muoversi tra diverse modalità di osservazione, concentrarsi su ciò che è difficile da vedere, cambiare angolo, prospettiva, premesse nel vedere. Le parole, le immagini, sono anche forme di abbigliamento, vestono i sogni, confezionano i pensieri, incidono motivi nella realtà.

Come sto? Un luogo di dibattito femminista, segnato da una storia di incomprensioni su cosa sia un guardaroba femminista, un approccio femminista alla cura del proprio aspetto, un atteggiamento femminista rispetto al corpo, uno sguardo femminista.

E a scapito di tutti i tentativi e i dibattiti femministi, la realtà inesorabile, come ha detto Susan Sontag, è che le donne sono giudicate per il loro aspetto mentre gli uomini non lo sono, che le donne sono più penalizzate dai cambiamenti dell'età. Ha detto: un uomo, prima di tutto, è visto. Una donna è guardata.

Mumji non ha mai ammesso la sua età e odia quando qualcuno di noi dice la propria davanti agli altri, mentre lei è presente. Ha discusso e litigato con i parenti che osavano dichiarare il suo «vero» arco di vita. Sapere la cifra reale significava avere la possibilità di dedurre cosa le fosse successo, quando, con chi e a causa di chi. Per me, quella cifra era insignificante nel grande ordine delle cose; era solo un minuscolo dettaglio in tutto ciò che diceva e non diceva. Faceva poca differenza, pensavo. Eppure, lei lo sapeva, quella cifra poteva essere (mal) usata contro di lei: per giudicare, per recriminare. La cifra era la mia parola contro la tua, lui contro lei. La cifra era potere – e non voleva che gli altri l'avessero, nemmeno se significava privarsene. Quando i suoi figli cominciarono a mostrare i segni dell'età, escogitò altri trucchi per ingannare il tempo. Chi è la maggiore? Io o mia sorella? chiedeva ai camerieri, indicando se stessa e mia madre. Raccontava alla badante che suo figlio si tingeva i capelli di grigio perché, a quanto pare, così andava tra gli uomini. Questi giovanotti sono dei matti, rideva. In pubblico diceva che io e mia sorella eravamo le sue figlie, come se la dichiarazione bastasse a cancellare chi era nato nel frattempo e togliesse mezzo secolo al presente.

Mumji guardava. Gli occhi sfrecciavano indiscreti, frugavano nel tuo essere come se avesse perso qualcosa nelle pieghe di cui aveva estremo bisogno. Mumji guardava, perlustrando, valutando, giudicando – me, mia mamma, mia sorella, mia mamma, tutte le donne, mia mamma, tutti gli uomini, mia mamma – confrontando con se stessa. Tutti ne uscivano sconfitti. Notava le sfumature della pelle, la stima cresceva in diretta proporzione al biancore e all'assenza di imperfezioni. Mumji guardava. Quel che stava sotto il collo, dietro le tempie, era quasi irrilevante. Tanto meglio se i vestiti erano buoni, ma questo interfaccia tra il sé e il mondo, per lei, riguardava il viso. *Che cosa* usi per la faccia? Il suo tono di voce, l'enfasi mutevole, indicava se le parole erano un complimento o una critica. Che cosa *usi* per la faccia? Io e mia sorella soffocavamo a quella domanda, di risate o di rabbia. Mia madre rimpicciolva. Che cosa usi per *la faccia*? Io e mia sorella rispondevamo a tono, scherzavamo, la ignoravamo. Mia madre ammutoliva. Che cosa usi per la faccia? Mumji scrutava i nostri volti, ma cercava soltanto un'unica, perfetta, visione di sé. Era contenta se vedeva qualcosa che le piaceva, perché si rifletteva bene su di lei, ma nessuno doveva stare troppo bene – altrimenti avrebbe distolto l'attenzione, altrimenti non sarebbe apparsa abbastanza bella.

L'occhio è il muscolo più reattivo del corpo. Si contrae in meno di un centesimo di secondo.

La luce entra nell'occhio attraverso la cornea, si rinfrange sulla sua superficie curva e produce un'immagine ribaltata sulla retina, che poi il cervello raddrizza di nuovo.

La vista è più di quel che incontra lo sguardo, richiede la cooperazione del cervello per costruire attivamente il nostro mondo visivo e per affinare la capacità di comprendere, quasi all'istante, ciò che vediamo.

La vista è una forma di ragionamento sensoriale.

La vista non può essere separata dalla posizione – da dove guardi, verso dove guardi. Il femminismo è una lente che non solo accentua questo dualismo, ma lo esige, vi prospera.

Nel saggio *Situated Knowledges*, Donna Haraway dice: nei nostri corpi, muniti di colori dei primati e di vista stereoscopica, dobbiamo imparare a collegare l'obiettivo ai nostri scanner teorici e politici, per dire dove stiamo e dove non stiamo all'interno di dimensioni fisiche e mentali a cui sappiamo a malapena dare un nome.

Per Haraway la vista è sempre incarnata, particolare, limitata, a prescindere da quante appendici tecnologiche – antiche o nuove, goffe o appariscenti – vi apponiamo.

Si riferisce alla tecnologia intesa non solo come macchina, ma in senso molto più ampio, in un'accezione sociologica, filosofica e storica quale sistema completo che prevede metodi, procedure, organizzazione. La tecnologia, come ha detto la scienziata Ursula Franklin, è soprattutto mentalità.

Lo sguardo è davvero significativo se ha una coscienza nutrita dei propri confini. All'improvviso l'idea di oggettività come posizione distante e spassionata, elevata e panottica, si dissolve. Riconoscere che una simile visione non esiste è, paradossalmente, l'unico modo di avvicinarvisi.

Haraway dice: la morale è semplice, solo una prospettiva parziale promette una visione oggettiva.

Che cosa vedresti raccogliendo diverse visioni parziali, continuando a mescolarle, spostandoti insieme a loro, restando consapevole del tuo movimento in relazione a loro? Questo è diventato uno degli obiettivi nel nostro progetto per la rivista ma l'avrei compreso soltanto dopo, scrivendone.

Come guardo? Abbiamo girato intorno a diverse versioni di questa domanda, pianificando il servizio fotografico, ma la domanda stava sempre lì, centro silenzioso di ogni conversazione, di ogni azione intrapresa insieme. Era espressa e maneggiata in modo così diverso che non l'ho mai associata a Mumji e alle sue preoccupazioni estetiche.

Come guardo per non vedere soltanto ciò che voglio-desidero-ho-bisogno di vedere? Come guardo per vedere oltredietro-al-di-là di me? Come guardo per evitare di essere fraintesa? La domanda, negli anni, aveva trovato un'infinità di espressioni – progetti, articoli, eventi pubblici. Ma lavorando al nostro numero della rivista, la domanda subiva una sorta di fissione, assumeva pluralità, vibrava a una nuova frequenza.

Come guardiamo io-tu-noi? Come fa uno specchio a scheggiarsi senza rompersi? Come fa una lente a raccogliere la luce senza appiccare un fuoco? Come fa uno zoom a ingrandire senza restringere la prospettiva? Come fa un panorama ad ammettere di essere incompleto? Chi è alle tue spalle come fa a rientrare nella visuale?

Hai detto: come cambierebbero il nostro pensiero e le nostre azioni se prendessimo il futuro come punto di partenza? Che aspetto avrebbe?

Hai detto: il colore può trasformare radicalmente l'ambiente [...]. Se dipingi un limone di blu, per esempio, la tua esperienza del limone sarà diversissima. Hai detto: credo che il colore sia il modificatore più magico delle superfici. Non deve stare in un certo posto. Il colore può apparire ovunque.

L'avete mai fatto? hai chiesto durante uno dei nostri incontri. Agghindarvi per divertimento, senza dover uscire, prendere in prestito i vestiti di un'amica, scambiarsi consigli di stile? Tutte abbiamo scosso la testa. No, ho detto, mai. Due ore dopo, mi salta in mente una vecchia richiesta: *fai una sfilata!* Mia madre aveva ripetuto spesso quelle parole nel corso degli anni. Se una di noi comprava dei vestiti, o era indecisa su cosa indossare, proponeva una sfilata. Quando preparava le valige per un viaggio, quando si vestiva per incontrare un'amica o puliva l'armadio... faceva una sfilata, spesso tutta per sé. Di solito scandaglio mentalmente il mio armadio e decido che cosa indossare per un'occasione importante – proprio come faccio al ristorante, decidendo in anticipo che cosa ordinare (dopo aver controllato il menu online) e attenendomi alla mia scelta. La scena così frequente nella stanza di mia madre – vestiti gettati sul letto, scarpe sparpagliate sul tappeto, ante spalancate, grucce che rivelano le loro spalle nude – si svolge raramente nella mia stanza. La confusione rimane nella testa. In effetti, ti ho detto alla fine dell'incontro, a volte mi sono agghindata a casa con mia madre e mia sorella.

Adesso ricordo sfilate ancora precedenti: quelle che facevo da bambina con le bambole, vestendole e svestendole per varie occasioni. Furono le mie prime storie scritte, già all'epoca prendevo in prestito e sgraffignavo come fanno gli scrittori. Avevo il brutto vizio di fregare i vestiti dal guardaroba delle bambole di mia cugina nel Regno Unito e di portarmeli a casa. Anni dopo, mia cugina mi disse che cercava di non lasciarmi mai da sola durante quelle visite, perché sapeva che qualcosa sarebbe scomparso e l'avrebbe perduto per sempre quando noi fossimo partiti per il Kenya. Una volta, dopo essercene andati da casa sua e aver guidato per mezz'ora in direzione di Londra, mia madre si accorse che stavo rimirando il mio bottino nel sedile posteriore, fece dietrofront e mi costrinse a restituire il maltolto. Ricordo la vergogna, le promesse di non farlo più. Non ho più rubato i vestiti delle bambole, ma un giorno ho attinto alle parti di una storia per il mio primo racconto pubblicato sul giornale studentesco. Anche quella volta mi scoprirono – non subito, ma due anni dopo, quando avevo già lasciato la scuola. Comunque mi richiamarono, mi interrogarono, scossero la testa, si profusero in commenti delusi. Anche quell'umiliazione rimase impressa nella mia psiche. Pensavo che non sarei mai riuscita a scrivere niente, perché il desiderio di farlo sgorgava sempre dal desiderio di ricreare l'ultimo libro che mi aveva colpito. Non capivo come si potesse scrivere senza copiare, senza ripetere. Molto dopo, trasformando la storia della mia famiglia in un romanzo, ho finalmente compreso quanto bisogna inventare per creare una narrazione coesa.

Pur sapendo quanto immagino e invento, mi chiedo: come sarebbero i miei libri se dovessi restituire tutto ciò che mi hanno dato altri scrittori, pensatori, persone, opere d'arte? Esili, consunti, non indossabili.

Il glorioso abbigliamento del pensiero è così in debito con gli altri.

Anche il nostro armamentario fisico ha un grosso debito con gli altri e con il pianeta. Come sarebbe il mondo se restituissimo tutto ciò che abbiamo depredato in termini di sfruttamento lavorativo e risorse ambientali? Più giusto, più verde, più gentile.

Donna Haraway ha detto: ma non va bene una prospettiva parziale qualunque [...]. Dobbiamo cercare i punti di vista impossibili da conoscere in anticipo, che con le loro prospettive promettono qualcosa di straordinario, cioè un sapere potente che sappia costruire mondi meno organizzati sull'asse della dominazione.

Un paio di giorni prima del servizio fotografico, quasi tutte le trentanove donne si sono riunite per un'ultima discussione. Al mio arrivo era in corso una presentazione, slide proiettate sulla parete, scatti di persone in completi trendy ed espressioni tenebrose; ogni immagine era numerata, etichettata, brandizzata. Quel catalogo di «look» – in gergo, i completi di una specifica casa di moda indossati in passerella – mostrava i vestiti scelti dalle stiliste della rivista per il servizio fotografico, in base alle nostre richieste di capi insoliti, sostenibili, disegnati il più possibile da donne. Ciascuna di noi aveva già ricevuto una copia pdf di questo «look book» e io l'avevo sfogliato un po' sbalordita dal ventaglio di immagini che includevano modelle in abiti da sera ampi, rigidi, che decuplicavano il volume del loro corpo; uomini in completi di plastica; e tutto ciò che ricadeva nel mezzo. La selezione era audace, divertente, bizzarra, bella, mascolina, sognante, intimidatoria. Mi ero appuntata i numeri dei «look» che volevo provare. Con buona grazia della mia posizione iniziale, per cui questa esperienza non riguardava i vestiti, appena questi arrivarono anche solo in forma di immagine cominciarono a fare effetto, allentare la risolutezza, accendere il desiderio. In realtà erano sempre stati presenti, ma fingevo il contrario. Che meravigliosa sorpresa, che sollievo, quando tu, a metà degli incontri, hai detto: oh, sarà così divertente agghindarci insieme!

Oltre al «look book» erano proiettati alcuni esempi dei lavori delle tre fotografe presenti al servizio. Le immagini cominciarono a rendere tangibile ciò che per mesi era stato puramente concettuale: l'alchimia penetrava dentro di noi, innescava un entusiasmo effervescente, un fremito di fascinazione e un occasionale palpito di paura.

All'improvviso, e del tutto inaspettatamente, le immagini rievocarono un'altra parete a Londra, la parete della stanza da letto di mia madre opposta al letto. Foto incorniciate di me e mia sorella su una passerella, con i vestiti disegnati da mia madre per una sfilata che aveva organizzato e tenuto al Safari Park Hotel di Nairobi, in Kenya, nel 1995.

Quella sfilata del 1995 fu probabilmente l'apice della vita professionale di mia madre. Ci lavorò per oltre un anno, disegnò i vestiti, andò in India per comprare i tessuti e realizzare gli abiti, supervisionò ogni dettaglio dei capi creati da due sarte di sua fiducia a Nairobi, affittò il locale, decise il menu, promosse l'evento, vendette i biglietti, selezionò le modelle, scelse la musica, coreografò le sequenze sulla passerella, prezzò gli abiti, supervisionò le prove. Mia madre lo fece soprattutto per se stessa. Era una impresa personale, in quella sfilata che doveva dare il via alla sua carriera, cambiarle la vita, fare la sua fortuna, liberarla da un matrimonio infelice mise tutta se stessa. Per me e mia sorella era puro divertimento: ci crogiolavamo nell'eleganza, ci godevamo la novità di ricevere tutta quell'attenzione, discutevamo quali vestiti avremmo tenuto per noi. La sfilata fu un successo: i biglietti andarono a ruba, la gente venne, mangiò, bevve, ammirò e applaudì. La sfilata non fu un successo: la gente non comprò un granché – i vestiti, a quanto pareva, erano troppo moderni, troppo costosi. Poco dopo la nostra situazione familiare mutò: i miei genitori subirono gravi perdite economiche e dovettero trasferirsi dal Kenya al Regno Unito. Tra i loro averi c'erano un paio di valigie piene dei vestiti avanzati dalla sfilata. Per qualche anno, mia madre non riuscì a toccare quelle valige. Aprirle significava scatenare il dolore che era rimasto annidato in lei per anni dopo l'evento: il dolore di sognare, lottare e fallire. Il dolore di essere sola, come in fin dei conti siamo tutti, con le nostre creazioni e un mondo che non le apprezza. Poi arrivò il momento di aprire le valigie, riesumammo sari, salwar kamiz, lehenga da indossare ai matrimoni indiani o in altre grandi occasioni. Che emozione indossare quei capi sontuosi, vedere come spiccavano, com'erano speciali e ti facevano sentire speciale, che piacere davano a tua madre. Se c'era anche del dolore, non l'hai notato, non volevi notare le correnti oscure che smorzavano la luce.

L'avevo dimenticato, come spesso succede con le cose che non si conciliano più con la tua idea di te, che non sono più al servizio delle tue scelte oppure che sono legate a un dolore latente che il ricordo potrebbe riaccendere.

C'è un punto cieco naturale nell'occhio, un angolino minuscolo privo di fotorecettori, che corrisponde alla posizione del nervo ottico nella retina. Quando entrambi gli occhi sono aperti i punti ciechi si annullano rispettivamente. Anche con un occhio chiuso può essere difficile individuare il punto cieco in modo soggettivo, perché il cervello è abilissimo a compensare o ignorare la parte mancante dell'immagine.

Più tardi, all'uscita della rivista, ti raccontavo quanto fosse difficile scrivere di moda e all'improvviso ti sei ricordata di aver curato una raccolta di saggi filosofici sul tema anni prima. Nel corso dell'intero progetto il pensiero non ti aveva mai sfiorato. Come hai fatto a dimenticarlo? Forse perché i testi erano brutti, hai detto, nessuno aveva scritto niente di che. Forse perché la moda non ti interessava più. Poi, un altro ricordo ti ha sconvolta: il tuo primissimo articolo fu pubblicato sulla rivista di moda con cui avevamo collaborato. A quattordici anni eri andata di persona nella sede di Monaco con il tuo testo e avevi chiesto alla reception di vedere l'editor. La receptionist ti aveva detto che potevi lasciare il testo, che l'avrebbe passato all'editor e a tempo debito saresti stata contattata. Ma non te ne eri andata. Avevi continuato a ripetere che dovevi vedere l'editor e consegnare il tuo testo di persona. Per caso, l'editor era passata di lì e ti aveva invitata nel suo ufficio. Avevi lasciato il tuo testo e un paio di settimane dopo ricevesti una telefonata che comunicava la pubblicazione del pezzo e il compenso. Il tuo primissimo testo, in quella rivista.

Come hai fatto a dimenticarlo?

L'ho dimenticato perché pensavo di essere cambiata. L'ho dimenticato perché ora mi considero femminista e ci sono cose che ovviamente le femministe non fanno, giusto?

Hai detto: avevo i miei dubbi, ma poi mi sono detta che la conoscevo da vent'anni. Sapevo che era un'accanita femminista. Se lei era disposta a partecipare al progetto, allora lo ero pure io.

Che cos'è femminista? La domanda continuava a ripresentarsi con i suoi numerosi corollari. Aleggiava in ogni discussione sul progetto. Siamo riuscite ad affrontarla sapendo che l'artista aveva rinunciato a ogni compenso e aveva fatto sì che per il nostro coinvolgimento la rivista versasse una grossa somma a WIR MACHEN DAS, fondata nel 2015 poco dopo l'arrivo di quasi ottocentomila rifugiati, soprattutto siriani, in Germania. L'Ong era nata dall'impegno di cento donne convinte che la migrazione – con la sua sfida intrinseca su come condividere equamente il nostro mondo – fosse un'occasione di moltiplicare gli sforzi per una società più aperta, diversa e giusta, lavorando con migranti e rifugiati per delineare un futuro comune. Abbiamo avviato progetti come Weiter Schreiben, dove scrittori e musicisti provenienti da zone di conflitto collaborano con le controparti tedesche, e Meet Your Neighbours che supporta la conversazione tra migranti arrivati da poco e residenti di lungo corso in Germania. WIR MACHEN DAS si batte per il futuro anziché il passato, per il coraggio anziché la paura, per l'umanità anziché l'odio, per il pragmatismo anziché il populismo. La collaborazione con la rivista è stata un'estensione delle sue attività, non da ultimo perché vi hanno preso parte molte donne – provenienti da Siria, Iraq, Yemen, Kurdistan, Egitto e altrove – che gestiscono la Ong o sono artiste coinvolte nelle sue iniziative.

Galvanizzata dalla certezza che per sovvertire lo status quo bastasse la presenza di queste trentanove donne nella rivista di moda, all'inizio faticavo a controllare le contraddizioni che incombevano su di noi. Non stupisce che le riviste di moda siano uguali a se stesse da decenni: le pagine patinate, adornate di pubblicità, tendono verso una logica ineludibile, cioè che si possa ottenere la vera distinzione solo attraverso un consumo di alto livello.

Come conciliare il fatto che alcune donne, per quanto brevemente, comparissero in quelle pagine mentre molte altre restavano invisibili e in alcuni casi erano direttamente svantaggiate dalle strutture con cui ci stavamo alleando? Che significato aveva la diversità in un contesto di beni di lusso oscenamente costosi, che solo una élite minuscola poteva permettersi?

Nell'introduzione a *Thinking through Fashion: A Guide to Key Theorists*, Agnès Rocamora e Anneke Smelik dicono: la materia, gli oggetti, presentano una qualità sociale intrinseca. Dicono: gli oggetti non sono a sé stanti, perché l'interazione sociale li trasforma sempre in un determinato valore.

È possibile trasfigurare o appropriarsi in modo significativo del valore degli oggetti normalmente rappresentati nelle riviste di moda?

Hai detto: offriamo altri oggetti di desiderio, evochiamo un'accezione alternativa di lusso e ricchezza. Trasporto pubblico eccellente, sanità gratuita per tutti, reddito di cittadinanza universale, libertà di movimento, parità di stipendi… sono questi, hai detto, i veri tesori, la vera ricchezza di una società.

Ma come mostrarlo? Credevo che dovessimo stabilire tutto in anticipo, fissare, pianificare nel minimo dettaglio. Era un processo creativo, lo sapevo, ma avevo dimenticato che nella creazione è racchiuso il mistero, che la magia emerge nell'imprevisto, nel diversivo. E avevo completamente trascurato il fatto che non saremmo state solo creatrici, ma creazione.

Hai detto: il nostro presente dovrebbe essere più giusto, gentile e felice. Vogliamo un premio Nobel per il lavoro di cura, la tassa sulle transazioni finanziarie, un'efficace salvaguardia del clima. Il luogo dove nasciamo è puro caso. I confini sono arbitrari. Vogliamo che le persone sentano di appartenere dove stanno. Non sono la nazione, la cultura o le origini a determinare l'appartenenza, ma vivere insieme in un posto. Stiamo sperimentando nuovi modelli di redistribuzione. La condivisione rimpiazza il baratto. Cose, posti e conoscenze sono beni comuni. Quando usiamo il cellulare, beviamo un caffè o indossiamo una maglietta, siamo collegati al destino di tutte le popolazioni mondiali. Esistono diritti e doveri reciproci. Contrastiamo l'inefficacia politica con modelli di partecipazione. Non dobbiamo per forza essere d'accordo, ma vogliamo che tutti siano ascoltati. Non vogliamo essere uguali, ma vogliamo equità a prescindere da cosa crediamo, come amiamo, dove veniamo, quali sono le nostre (dis)abilità. La nostra solidarietà è inventiva: sviluppiamo nuove forme di comunità dove tutti i presenti partecipano. Ciascuno secondo le sue capacità, a ognuno secondo i suoi bisogni. Vogliamo imparare gli uni dagli altri.

Non conosco tutte le donne appartenenti alla cerchia aperta, come mi piace definirla, che frequento da qualche anno. Forse è proprio questa la definizione di una cerchia aperta: non è necessario – o meglio, è impossibile – conoscere tutte, ma ti senti connessa a chi entra in quella specifica orbita anche solo vagamente, anche solo brevemente.

La frequenza degli incontri è variabile, le responsabilità cambiano. Tutto è volontario, spesso ricreativo, ma a volte – soprattutto di recente – sentiamo l'urgenza di riunirci per via della situazione politica mondiale, in particolare gli effetti crescenti della crisi climatica e l'ascesa dell'estrema destra.

Alcune donne vengono una volta, poi mai più. Alcune non vengono di persona ma partecipano a distanza, con grande coinvolgimento, agli eventi. Alcune vengono regolarmente, altre occasionalmente. Tutte sono considerate allo stesso modo. Almeno questo è lo stimolo da cui scaturisce tutto. Ovviamente è impossibile che ognuna si senta ugualmente considerata in ogni momento, ma tutto sommato chi rimane si sente così – altrimenti perché ritornare negli anni, ritagliando il tempo da vite pienissime per passare qualche ora in compagnia di un gruppo di donne? Tu vieni, io vado, per lo stesso motivo: per vedere ed essere vista diversamente. Dopo un po' di tempo non è bastato: qualcuna voleva espandere i limiti, alzare la posta in gioco. Abbiamo cominciato a discutere più spesso e in modo più critico su come farlo.

Hai detto: non voglio che questo sia solo una specie di gruppo di auto-aiuto.
Hai detto: non ho mai considerato i nostri incontri come auto-aiuto. Mi piace l'idea di venire in un posto dove niente è proibito, dove ogni scambio è possibile.
Hai detto: forse possiamo organizzare i nostri incontri in

modo diverso, per non stare sempre sedute in cerchio ad ascoltare la lezione di una di noi e poi discuterla.
Hai detto: mi piace sentire le diverse voci qui. Non conosco tutte ed è interessante conoscere le persone sentendole parlare di un tema a loro caro.
Hai detto: credo che sarebbe utile allacciare più relazioni internazionali. Possiamo imparare moltissimo scoprendo altre idee di reciprocità, altre forme di solidarietà.
Hai detto: non dovremmo sentirci troppo a nostro agio.
Hai detto: che male c'è a sentirci a nostro agio? C'è già così tanto disagio nel mondo.
Hai detto: non stiamo sfruttando il nostro pieno potenziale. Ci tiriamo indietro. Non chiediamo abbastanza l'una all'altra.
Hai detto: non so se è giusto aiutarci solo perché siamo donne e siamo connesse.
Hai detto: credi che gli uomini si facciano questi problemi?
Hai detto: chi siamo? Che cosa vogliamo?
La rivista era una piattaforma, uno spiraglio dove indagare questi dilemmi. Ci siamo dette: usiamo lo spazio, facciamo quello che vogliamo, esprimiamo i nostri desideri.

Sylvia Plath ha detto: perché non posso provare vite diverse, come se fossero vestiti, per vedere quale mi sta meglio e mi dona di più?

Abbiamo detto: perché non provare diverse versioni del futuro e vedere quale ci sta meglio? Scambiamo visioni, mescoliamole e vediamo come ti-mi-ci stanno.

Pure la rivista sembrava interessata a visioni diverse. All'inizio del 2020 ha lanciato una missione globale riassumibile nelle ultime righe della dichiarazione d'intenti, che dicevano: ventisei edizioni per battersi a favore della diversità, della responsabilità e del rispetto per gli individui, le comunità e il nostro ambiente naturale.

In principio la dichiarazione sul sito aziendale era accompagnata dall'immagine di una donna bianca giovane, snella, sorridente. Un paio di giorni dopo, quando ho ricontrollato, non c'era nessuna immagine. Al momento c'è l'immagine di una donna nera giovane, il profilo del volto è solo parzialmente visibile, gli occhi e la fronte sono tagliati.

Judith Butler ha detto: come interpretare quelle alleanze blande enfaticamente non fondate sull'amore né sull'identificazione? Penso che troppo spesso diamo per scontato di doverci identificare con i nostri alleati. Ma se continuiamo a insistere sull'identificazione, riprodurremo le stesse politiche comunitarie, alleandoci solo con i nostri simili e rifiutando di confrontarci con chi ha una vita e visioni all'apparenza molto diverse. La mia opinione politica è che in una coalizione allargata non dobbiamo dare per scontato di essere tutti uguali.

Non vi conosco tutte, ma avete cambiato la mia idea di cosa significhi «conoscere» qualcuno. Avrò incontrato la maggior parte di voi appena un paio di volte all'anno. So qual è il tuo punto di vista sulle politiche migratorie europee, la tua posizione in merito ai pronomi di genere, ma non ho idea di dove sei cresciuta, se hai fratelli o sorelle. So come la pensi su Hannah Arendt e Angela Merkel, ma non ho la più pallida idea se tua madre sia ancora viva e come la pensi su di lei. Ho guardato il tuo ultimo film, ho letto il tuo libro, ho visto la tua mostra, ho ascoltato la tua conferenza, ma non so sei fidanzata o hai figli. So che hai fatto da garante a quattro membri di una famiglia siriana affinché si trasferissero a Berlino e si ricongiungessero con il figlio, arrivato come rifugiato nel 2016, e che ora sono tuoi carissimi amici, ma non so nulla della tua storia familiare, che rapporto hai con i tuoi parenti, quanto siete uniti. A volte ci siamo incontrate a casa nostra, quindi so come ti piace la luce nella stanza, conosco la forma delle tue posate, i quadri alle pareti, ma non so se qualche notte siedi a tavola da sola, quanto spesso e perché. Portiamo tutte qualcosa da bere e da mangiare quando ci incontriamo, quindi ho assaggiato il pane del forno del tuo quartiere, la tua classica zuppa al pomodoro e finocchio, i tuoi cioccolatini preferiti; so che preferisci il vino rosso al bianco, e tu il bianco al rosso; ma non so se ti definisci femminista.

Non importa quello che non so, perché la cosa più importante è che so di potermi fidare di tutte voi.

Judith Butler ha detto: è difficile ammettere che tutti potremmo trovarci in una situazione di dipendenza [...]. Se cominciassimo a pensarci come creature sociali che dipendono le une dalle altre – e non c'è niente di vergognoso, di umiliante, di «femminilizzante» in questo – credo ci tratteremmo diversamente, perché la nostra percezione dell'io non sarebbe definita dall'interesse individuale.

Eri seduta al mio fianco e traducevi in simultanea, quei primi anni in cui parlavo poco il tedesco.

Tu e io ci siamo scambiate poche parole, ma quando ti ho telefonato per un consiglio su una questione politica mi hai parlato francamente per quasi un'ora, come se ci conoscessimo da sempre.

Hai accettato immediatamente – anche se ci eravamo incontrate solo due volte – quando ti chiesto di leggere un testo che avevo appena scritto, perché dovevo sapere come le mie parole avrebbero preso vita nella tua mente effervescente.

Mi hai spiegato come gestire le negoziazioni, aiutandomi in situazioni lavorative difficili.

Mi hai permesso di vedere i miei guai familiari sotto una luce diversa, mi hai aiutata a scrollare il dolore e la rabbia con una risata.

Mi hai chiesto di parlare a una conferenza con un testo che mi rendeva nervosissima, finché il tuo invito è arrivato come un'approvazione definitiva.

Mi hai messo in contatto con persone che avrebbero potuto aiutarmi nella campagna per istituire una festività pubblica europea in tutti i paesi dell'Unione.

Hai condiviso la tua esperienza di attivismo dal basso, mi hai preparata per il lungo viaggio che mi aspettava, mi hai detto di incanalare le mie energie con attenzione.

Posso contare su di te. E tu puoi contare su di me.

Quali sono i limiti delle richieste che possiamo fare l'uno all'altro? Questa domanda, che mettiamo alla prova – provvisoriamente, brutalmente, dolorosamente – nei nostri rapporti più intimi, è diventata il cuore dei nostri rapporti comunitari.

Qualunque cosa io abbia dato, sento di aver ricevuto di più. Qualunque cosa io possa dare, sento che non sarà mai all'altezza di quel che ritorna.

Hai detto: quando sono nervosa, penso a tutte voi. Vi vedo intorno a me e sento un potere impressionante, so che tutto è possibile.

La mia eterna paura di restare sola si è dissolta grazie a voi, ognuna di voi, tutte voi. Mi avete dato una percezione diversa del mio posto nel mondo, della mia connessione con il mondo. Mi avete dato una nuova esperienza di legami al di fuori della famiglia, degli amici, del lavoro.

Nei suoi scritti, Hannah Arendt si riferisce spesso alla *polis*, che definisce un'organizzazione delle persone così come scaturisce dal loro agire e parlare insieme [...] indipendentemente dal luogo in cui si trovano. Per Arendt la polis era lo *spazio dell'apparenza*. Al contrario degli spazi fisici costruiti con le nostre mani, la polis è uno spazio pubblico creato dalla nostra presenza. Proprio per questo è fragile ed effimera, ma in queste qualità è insita anche una forma di potere latente. All'interno della polis si possono esprimere le proprie preoccupazioni con sincerità e osservarle da diversi punti di vista. Questo è il potere che nasce quando le persone pensano e agiscono insieme, da pari, per riformare il mondo. È un potere che nasce dall'attività congiunta, consensuale, di una pluralità di attori. È un *potere potenziale*, dice Arendt, non un'entità immutabile, misurabile e incontrovertibile come la forza o la potenza materiale.

Una rivista di moda è uno spazio di apparenze ad alto controllo, governato dalla forza di società per azioni e popolato da sudditi confinati nei ruoli predefiniti di un'estetica prestabilita. Come polis potevamo davvero sabotare quel sistema e sfruttare i suoi mezzi per riempire ogni pagina con un immaginario completamente diverso?

Approfondendo il pensiero di Arendt, Judith Butler ha detto: affinché si realizzi la politica, il corpo deve apparire. Io appaio agli altri e loro appaiono a me, quindi dev'esserci uno spazio intermedio che ci permetta di apparire insieme.

Abbiamo coniato il termine «relazioni acrobatiche» per definire la nostra impresa, perché richiedeva fiducia e coraggio tra noi trentanove; ma anche fra tutte noi e la rivista. Le relazioni acrobatiche si fondano su un salto dell'immaginazione e una sospensione dell'incredulità, sulla volontà di trapezio e trapezista, stringere la mano al noto e all'ignoto.

Hai detto: aspirazione e pratica sono sorelle.

Alcune donne hanno rifiutato l'invito di unirsi al progetto. Per loro era impossibile mettere a tacere i grossi dubbi sul potenziale di trasformazione in una struttura arcicapitalista. Ma hanno apprezzato che noi altre fossimo disposte a tentare. Ciascuna ha partecipato a un incontro, ha ascoltato, ha offerto consiglio e poi ha osservato con distante, silenziosa solidarietà.

Non tutte le donne che volevano partecipare hanno potuto, semplicemente perché c'erano limiti pratici al numero di persone presenti al servizio fotografico. Qualcuna ha espresso disappunto. La maggior parte ha tenuto il desiderio per sé e ci ha augurato buona fortuna. Se non fossi stata coinvolta anche io avrei desiderato esserlo, ma non l'avrei detto ad alta voce.

A volte l'editor è il materiale e il materiale l'editor.

Non ho mai comprato una rivista di moda, le ho soltanto sfogliate velocemente qualche volta… dal parrucchiere o nelle rare occasioni in cui mia madre ne aveva una copia. Era difficile procurarsi queste riviste in Kenya e se all'epoca capitava che ne avessimo una a casa era perché mia madre se l'era concessa in uno dei suoi viaggi annuali nel Regno Unito; e se l'aveva comprata – anziché sfogliarla all'edicola – significava che conteneva qualcosa che voleva replicare. Le sue creazioni non assomigliavano mai all'immagine di partenza: avevo già confrontato altre volte l'ispirazione e la creazione di mia madre per sapere che tra le due c'era un divario enorme, misterioso. In che modo una aveva condotto all'altra, senza che fossero uguali? Ho capito che queste riviste esercitavano una specie di magia su qualcuno, ma mi annoiavano – e mi annoiano tuttora. Non sentivo nessuna connessione con la rivista che stavamo cocurando, mi sarei sempre posizionata contro anziché al suo fianco; eppure, fin da subito, ero esaltata all'idea di comparirvi. Malgrado il mio disprezzo per ciò che le riviste rappresentavano, chiaramente qualcosa dentro di me reagiva al loro potere, agognava l'approvazione della loro orbita estetica. Continuavo a ripetermi che non era per i vestiti e questa era la maschera più elaborata, un autentico abito da sera mimetico così abbondante che praticamente ci inciampavo, pur fingendo di non indossarlo.

Il tranello del capitalismo: puoi essere sospettosa ma suggestionabile. L'esperienza con la rivista ha dimostrato quanto i due filoni siano intrecciati, con quanta efficacia si contraddicano e completino a vicenda – facendoti a pezzi, ricomponendoti.

Hai detto: il significato nasce da numerose dissonanze.

Quella sera, molti giorni prima del servizio fotografico, mentre le immagini del look book lampeggiavano una dopo l'altra alla parete, una delle stiliste della rivista descrisse cosa ci aspettava. Raccontò delle postazioni per trucco e parrucco, per la manicure; dei camerini e degli specchi, delle sfilze di vestiti, delle file di scarpe e delle scorte di accessori; degli esperti e degli assistenti, e relativi assistenti. Disse che tutti i look sarebbero stati disponibili, quindi ognuna di noi avrebbe potuto scegliere cosa preferiva. E le taglie? hai chiesto. Troveremo un modo per tutte, disse. Mentre la discussione procedeva, sentii il peso materiale del set. Nei mesi precedenti la nostra immaginazione era stata sconfinata e a un certo punto apparve evidente che sarebbe bastata a conquistare qualunque rivista di moda e rifarle il look. Ma all'improvviso mi sentii congelata dal campo gravitazionale della realtà, dall'incantesimo di un copione già scritto che si ripeteva sempre identico, per quanto adattabile apparisse.

Che cosa mi faceva paura? Non essere abbastanza – persino insieme a tutte voi – per combattere il copione. Avevo deciso già da tempo che avrei portato le sciarpe di mia madre come oggetti del desiderio, ma quella sera capii che non sarebbero bastate. Dopo la riunione tornai a casa e cominciai a togliere i libri dagli scaffali. Libri che avevo amato, ammirato e imitato, libri che avevo sottolineato e appuntato, che avevo imparato a memoria o con cui avevo intrattenuto accesi dibattiti nella mia testa. Ho ammucchiato i libri – tutti scritti da donne – in due valigie, pronte ad accompagnarmi al servizio fotografico. Hai riso quando sei passata a prendermi. Hai detto che dovevamo fare un salto da te perché avevi dimenticato un libro fondamentale. La tua macchinina rossa era così piena che ho dovuto tenere una valigia in grembo per tutto il viaggio. Il peso di quei libri sulle mie cosce riecheggiava il carico di desiderio nel mio cuore, un desiderio a cui allora non sapevo dare un nome. Portare i libri era un modo di portare quelle scrittrici, quelle donne – altre donne – con me. Perché non mi accorgevo che erano già lì? Erano dentro-dietro-davanti-di-fianco a me; proprio come voi, tutte voi.

Una delle tre fotografe aveva mandato un messaggio prima del servizio fotografico, chiedendo di portare ognuna un vecchio rossetto. Pensava sarebbe stato interessante fotografarli insieme. Hai detto: rossetto? porterò un martello.

Hai detto: non sono riuscita a partecipare alle riunioni, mi hanno messa al corrente di tutto due giorni prima del servizio. Si parlava di creare qualcosa tutte insieme in loco e mi sono chiesta come avrebbe funzionato con trentanove donne. Mi sembrava una simulazione della democrazia: tutte saremmo state coinvolte, ma alla fine la guest editor sarebbe stata l'unica autrice riconosciuta. La decisione finale spettava a lei. Così mi sono detta: okay, siccome non posso essere autrice mi presterò a tutto, farò anche la marionetta – perché non possono esserci trentanove autrici, no?

Hai detto: nella pittura percepisci l'insieme sulla tela in un solo momento. I tratti dipinti per primi e per ultimi esistono in simultanea nel campo visivo. Nella pittura astratta non c'è una gerarchia lineare e causale. A questo proposito, la pittura astratta è molto anarchica e antinarrativa.

Hai detto: la gerarchia della rivista era invisibile ma al tempo stesso sorprendentemente evidente. L'abbigliamento e le interazioni casuali non lasciavano trasparire molto del proprio ruolo. Ma appena presentavamo un'idea si manifestava la gerarchia, nessuno osava esprimere un'opinione finché il direttore responsabile non aveva parlato.

Il set sembrava un flashback e un flashforward continuo, come se qualcosa venisse ricaricato. Le distanze si annullavano all'improvviso, il passato e il presente combaciavano, come se nessuno avesse staccato la spina. Electropolis. La rete elettrica al massimo voltaggio: pulsava di potere, illuminava un'intera città, gettava la luce sempre più lontano, si allungava a rischiarare il mondo. Erano decenni che l'energia non palpitava così nell'edificio. Ora succedeva di nuovo, ma era un fenomeno completamente diverso: personificato, plurale, imprevedibile. Donne. Insieme. Connesse come i cavi dei vecchi tempi. Donne. Irradiavano possibilità, creatività, ilarità. Donne. Generavano nuove idee, immagini, relazioni. Volavano scintille. Lo spazio risplendeva. Donne. Come motori, che guidavano il noi e ora, il qua e là, il fu e il sarà. Donne. Cambiavano, esitavano, dubitavano, provocavano interruzioni, fluttuazioni nella corrente. Donne. Riscaldavano l'aria con i loro corpi, morbide, sensuali, sexy, trasmettevano desiderio. Il loro profumo, la loro presenza, le loro differenze rimbalzavano contro le pareti e si rifrangevano, splendevano. Donne. Lo spazio le conteneva a malapena.

Le persone non sanno davvero come appaiono, hai detto. Le persone non si vedono mai per intero. Si vedono riflesse nello specchio, filtrate, incorniciate, catturate – in fotografie scattate da altri, su pellicola, controluce, incomplete, distorte.

Guarda! sussultavamo di continuo allo shooting, quando una di noi emergeva nel nuovo «look» assegnato dalle stiliste. Guarda te-me-noi!

La stilista ha detto: è stato fantastico vedere come le donne reagivano ai vestiti che per mesi avevo scelto e ordinato per loro. Ho provato a scegliere un bel mix perché non avevo idea di chi avrebbe partecipato. Ho incluso molti vestiti da uomo, per avere taglie più grandi, ma anche perché mi piacciono molto le donne vestite da uomo.

L'attrazione è stata immediata. Magia feromonica. Tatto olfattorio. Sei arrivata, attirata dal messaggio chimico del primo-respiro-di-vita, appena-scartato, dritto-dalla-fabbrica. Ecco cosa ti ha catturata, prima di essere abbagliata dal colore, prima di sapere che sarebbe stata una bella accoppiata. Normalmente è lo strato più esterno, che ricopre il resto facendo da scudo agli agenti atmosferici. Tu l'hai indossato senza niente sotto, eccetto mutande e reggiseno. Il cappotto non era mai stato così vicino a qualcuno, forse nemmeno durante la sua fabbricazione, quando le parti scivolavano in grembo alla sarta, si accoccolavano tra le sue gambe, l'ago ronzante della macchina da cucire che univa le altre parti. Lo portavi con grazia, a tuo agio. Parlavi in toni agrumati come la sua tonalità. Attorno a te altre si cambiavano, sfoggiavano un completo dopo l'altro. Ma tu hai tenuto il cappotto per ore. Ha imparato la forma delle tue spalle, il peso delle tue mani nelle tasche, il calore umido delle tue ascelle, i tuoi capezzoli che si indurivano e ammorbidivano. Il suo rivestimento di seta ha intuito il ritmo del tuo respiro, il battito del tuo cuore. La sua stoffa spessa ha acquisito la tua temperatura corporea, il suo orlo rimbalzava al ritmo dei tuoi passi. Quando l'hai sfilato c'è stata una premonizione, uno sferragliamento futuro: il capo rinchiuso per mesi in un armadio buio, accanto ad altri capi ugualmente malinconici per essere stati privati della luce. E il futuro dopo il futuro: una discarica malsana, soffocato dal peso di innumerevoli fratelli accomunati dallo stesso destino, essere comprati e scaricati in continuazione.

Hai detto: ho deciso fin da subito che non avrei prestato troppa attenzione ai look del servizio fotografico. Non voglio avere, ma giocare. Non voglio possedere, ma condividere.

Guarda! Tu, che figurone in quel vestito lungo verde-blu. E tu! Elegantissima in un completo dopo l'altro, i tuoi arti recitavano le battute di ogni capo quasi fossero un poema scritto dal tuo corpo.

La parrucchiera ha detto: è stato molto intenso e impegnativo perché succedevano un sacco di cose, e non sapevo granché, quindi non capivo chi fosse più importante e a chi dovessi prestare più attenzione.

Hai detto: sono stati i due giorni più belli della mia vita.

Click. Scatto veloce. Più veloce. Più veloce. Frazioni di secondo. ClickClickClick. La macchina fotografica lavorava. Memoria piena. Batteria scarica. Il dispositivo faticava a starci dietro, ma ha continuato a catturare. Selezionare? Interpretare? Distorcere? Non è un osservatore parziale, la macchina fotografica, con le due lenti ricurve e i sensori digitali. Poteva cogliere tutto questo movimento? Mostrare ogni momento come un evento? Corri. Grandangolo. Piegati. Girati. Ancora. Aspetta. Zoom. Ancora. Messa a fuoco. Non reagiva abbastanza in fretta, l'estensione ansimante della macchina fotografica, la figura che la maneggiava, che stringeva il suo corpo con le dita bollenti, puntava l'obiettivo, premeva i tasti. ClickClickClick. Sentivi il ronzio che catturava, filmava freneticamente – fermava il tempo nelle sue impronte.

Guarda! Tu, che rifiuti il trucco. Tu, che non vuoi farti toccare i capelli.

La truccatrice ha detto: è così bello non dover lavorare sulla faccia di un'altra quindicenne.

Guarda! Tu! In un vestitino arricciato, che gambe! E tu, nella tuta rossa, nella salopette, nei pantaloni blu scuro a vita alta e gamba larga – guarda, guarda – nella fantasia a rombi, nel due pezzi di pelle nera con i tacchi a spillo, nel maglione oversize stretto in vita da una grossa cintura.

La fotografa ha detto: è stato meraviglioso sentire tutte quelle risate!

Hai detto: l'esperienza non mi è piaciuta. Forse sono troppo vecchia per queste cose.

Un paio di scarpe – entrarci a forza, sfoggiarle, toglierle, scartarle. Appartengono a tutte, a nessuno. Indossate, godute, abbandonate. Raffigurate in una rivista, in un feed online, in passerella... quelle erano scarpe da ammirare, da desiderare; prototipi realizzati per suscitare un consumo avido delle loro simili. Quel giorno, dita sprimacciate per calzarle, nocche contro il rivestimento che increspavano la superficie liscia. Che importava se ogni passo era una fitta – tu, deliziata dai tre centimetri di altezza in più prestati dai tacchi, sei corsa verso le luci, la macchina fotografica, l'azione, ignorando la resistenza di quelle suole

Made in Italy che graffivano il pavimento di calcestruzzo. Dopo un paio di minuti le scarpe sono state slacciate, calciate via, le due metà volanti in direzioni diverse. Un cinturino alla caviglia si è allentato, è caduto, si è perso per un po'. Alla fine è stato raccolto da un'assistente, riaccoppiato per la prova successiva – una storia di breve durata con un piede mezza taglia troppo piccolo, tacchi che scivolano, traballano, sfregano la pelle finché le scarpe sono abbandonate di nuovo. Ma poi – prima che l'interno si fosse completamente raffreddato, prima che l'ultimo velo di sudore si fosse asciugato – è arrivata l'accoppiata perfetta, piedi fatti apposta per quelle scarpe: ogni passo grandioso, un'ode all'artigianato, una celebrazione dell'esistenza.

Hai detto: ci eravamo imposte la regola di non complimentarci troppo, ma ogni pochi minuti qualcuna di noi prorompeva in un «stai benissimo»!

Hai detto: ho notato che le fotografe tendevano a concentrarsi sulle donne più giovani, com'è tipico nel mondo della moda.

Nei due giorni del servizio fotografico guardavamo a noi stesse e l'una all'altra in modo sicuramente parziale.

La fotografa ha detto: avrei voluto trovarmi in ogni angolo, scattare ovunque nello stesso momento. Spero che le donne non siano troppo deluse di non ritrovarsi in più fotografie, solo perché non ero presente per catturare l'attimo.

Soltanto poi sarebbe apparso evidente che le diverse parti fuggitive componevano molti interi episodici e duraturi. Sarebbe servito altro tempo ancora perché le mie impressioni si saldassero, ma con l'edizione stampata tra le mani cominciai a vedere davvero: notavo più connessioni, individuavo le continuità, identificavo lunghe linee di sguardo che oltrepassavano la mia capacità di discernimento, più oltre ancora di quanto sapessi.

Hai detto: questa domanda mi ha accompagnata tutto il tempo e ancora mi chiedo – chi ha usato chi? Stiamo usando la rivista oppure la rivista sta usando noi? Il risultato finale sarà fondamentale per rispondere alla domanda.

Che cosa significa «usare l'un l'altro», se è consenziente? E che cosa significa consenziente in un ambito di potenti seduzioni?

Hai detto: c'era una sensazione di consenso. Le partecipanti avevano deciso di essere lì, quindi c'era fiducia anche se certe occasioni potevano sembrare strane o sgradevoli.

Una parte usa sempre, o è sempre usata, dall'altra? Qualcuno è più o meno svantaggiato dall'uso? Una parte – o entrambe – è pronta a guadagnare dall'uso?

L'occhio umano vede soltanto tre colori. Le cellule della retina sono tre tipi di coni; uno è sensibile al rosso, uno al blu e l'altro al verde. Questi tre coni collaborano per percepire le combinazioni di onde luminose che permettono di vedere milioni di altri colori e sfumature.

Come sto? Mia madre guardava. I suoi occhi saettavano discreti, perlustravano, valutavano, giudicavano... se stessa. Ne usciva sempre sconfitta. Mia madre guardava. A prescindere da quel che mostrava il suo riflesso, ci vedeva sempre meno di quello che c'era, ci vedeva quello che in continuazione le dicevano mancasse; la mancanza copriva il resto. Il suo sguardo sugli altri era più generoso. Mia madre guardava. Vestiti – fogge, abbinamenti di colore – catturavano e trattenevano il suo sguardo. Mia madre guardava. Si dilettava dello stile, dell'eleganza altrui. Scrutava la folla e individuava la persona con la giacca più particolare o gli stivali più strani. Bastava un'occhiata a una fila di vestiti perché individuasse il capo perfetto nascosto tra gli altri.

Mia madre guardava e vedeva fiori ovunque: nelle venature del legno, nelle grinze di un tovagliolo, nel motivo geometrico della fodera sui sedili del treno, nel gioco di luci e ombre sul pavimento. Mia madre dipingeva fiori: forse il simbolo più convenzionale di ciò che è «femminile». Ha sviluppato questo interesse, un talento straordinario, già avanti negli anni, quindi spesso diceva scherzando di essere sbocciata tardi. Per anni ha riempito metri e metri di seta con boccioli elaborati, estraendoli dall'astrazione, tra gocce e macchie di colore che spalmava sul tessuto. In quel periodo cominciò a dire: non mi sono mai considerata femminista, ma... I suoi occhi, allenati a evocare fiori dal nulla, li scorgevano ovunque. Diceva: non mi sono mai considerata femminista, ma... I suoi avvistamenti erano letterali, ma anche metaforici. Quasi ovunque intravedeva il potenziale di sbocciare. Mia madre guardava e trovava sempre qualcosa da apprezzare. Cominciò anche, finalmente, a permettersi di vedere le cose per come stavano, per com'erano andate, per come non avrebbero dovuto andare. Cominciò a concedersi momenti in cui esternava rabbia, frustrazione, incredulità. Non mi sono mai considerata femminista, ma... Distribuiva complimenti come fossero coriandoli, notava il taglio di capelli di una cameriera, la borsa di una passante, l'anello di una cugina – eppure esitava ad accettare qualunque petalo di ammirazione rivolto a lei. Non mi sono mai considerata femminista, ma...

Il nostro servizio fotografico si svolse a Reinbeckhallen, un enorme salone che faceva parte dell'ex fabbrica di turbine AEG nel quartiere berlinese di Oberschöneweide. L'edificio e i dintorni testimoniavano l'esistenza di una città diversa a inizio Novecento, pioniera nell'industria dell'elettricità. Berlino era nota a livello internazionale come Electropolis. A Reinbeckhallen si producevano cavi, condotti per l'energia elettrica.

La produttrice ha detto: normalmente Reinbeckhallen si affitta come parte di un pacchetto che include supporto tecnico e catering. Ho detto al manager, un uomo, che vo-

levamo organizzare il catering per conto nostro, ma lui continuava a insistere che prendessimo il suo, diretto da un altro uomo. Allora la produttrice ha detto: okay, digli di mandarmi un menu e un preventivo e possiamo farci un pensiero a patto che le addette siano donne. Ha ricevuto il preventivo, ma il cibo non la attirava. Ha chiamato il manager e ha detto: in realtà vogliamo un catering vegetariano. Cosa? ha detto lui. Niente Berliner Boulette? Niente pesce? Voleva convincerla a ordinare polpette. Alla fine la produttrice ha detto: ho messo in chiaro che avrei scelto il mio servizio. E quando ho detto al nuovo catering che volevamo il menu vegetariano, la donna ha risposto nessun problema.
Susan Sontag ha detto: donne e uomini hanno pesi differenti, sia fisicamente sia culturalmente, hanno diversi contorni di identità, tutti presumibilmente sbilanciati su chi è nato maschio. Ha detto: nessuno ha mai pensato che gli uomini fossero il secondo sesso. Ha detto: eppure, eppure, c'è qualcosa di nuovo nel mondo…

Hai detto: nella mia generazione c'erano discussioni interessanti sulla differenza tra gli uomini della Germania Est e Ovest. In particolare, nel rapporto con le donne. Ancora oggi, si sentono storie di professioniste che dicono di apprezzare il lavoro nell'Est, perché essere donne lì non è chissà cosa.

La produttrice ha detto: ha fatto la differenza che fossimo tutte donne? Credo di sì. L'atmosfera sul set era sempre molto bella. Nessuno ha dato i numeri o urlato o sclerato. A un certo punto una delle fotografe ha chiesto di appendere un rotolo di carta a una delle travi del soffitto e molte donne si sono arrampicate sull'impalcatura per eseguire. Era un compito difficile, ci è voluta più di un'ora. Mi è piaciuto vedere le donne che facevano questo lavoro da sole, ma soprattutto che nessuna fosse salita a impartire istruzioni... in un ambiente misto sarebbe successo di sicuro. Qualche tizio si sarebbe sentito in diritto di intervenire e impartire istruzioni o farlo per conto suo.

Hai detto: i paesi dell'Est non erano quel paradiso di parità che si credeva. Sono cresciuta nell'Est e in base alla mia esperienza, e ai miei studi sulla storia dei movimenti socialisti mondiali, posso dire che davvero sono riusciti a cambiare le aspettative sociali sulle donne. Quelle aspettative non sono cambiate velocemente, ma il margine di azione delle donne per aspirare o rifiutare certe cose è stato trasformato e quindi così è stato anche per le soggettività femminili nel complesso.

È possibile farlo nelle società capitalistiche, e quanto?

La scultura si chiamava Glass Drop. C'erano molti oggetti di desiderio diversi: gocce di varie dimensioni, tutte fatte da te. Ecco la scultura in movimento: forme che nel peso e nelle curve e nelle fessure racchiudevano il desiderio. Era forse un oggetto all'apparenza impossibile, l'oggetto dove potevi proiettare tutto e niente?

Hai detto: il vetro liquido si allarga sulla superficie, lentamente fuoriesce dai margini, si solidifica in propaggini a forma di goccia. Si gettano molti strati l'uno sopra l'altro e, in base alla loro consistenza e viscosità, ognuno prenderà una forma unica.

... flussi lentamente solidificati... Ecco com'erano descritti, ma si potrebbero descrivere al contrario, come solidità velocemente fluenti. La goccia finale non rivela la direzione del flusso, ma racchiude in sé entrambe le possibilità; e altre, come la nostra impresa. Non c'è una direzione fissa di scorrimento, solo la disponibilità a mettere tutto in movimento e vedere quali forme assumerà, come le cose potrebbero posarsi, se le forme avrebbero continuato a evolvere senza indurirsi.

Hai detto: ho capito che una rivista di moda è come una portaerei che va in una sola direzione, impossibile farle cambiare corso. Ho capito che potevamo fare quello che ci pareva senza che ci fosse un reale cambiamento, avrebbero fatto il loro numero.

L'assistente stilista ha detto: le modelle non fanno commenti sui vestiti. Accettano quello che gli danno da indossare e si fanno fotografare. È stato interessante vedere donne che rifiutavano, esitavano, si rallegravano, ridevano, dubitavano.

La fotografa ha detto: di solito non si vedono donne come voi nelle riviste. So che siete tutte molto affermate nel vostro lavoro e conosciute nel vostro campo ma, all'infuori delle modelle, in queste pubblicazioni entrano soltanto le celebrità. Mi sembrava fantastico partecipare a qualcosa che donasse visibilità alle donne in questo contesto. Il mondo della moda può essere monodimensionale. Era curiosa di vedere cosa sarebbe successo sposando intelligenza, diversità e moda. Che immagini multidimensionali avremmo ottenuto?

Hai detto: pensavo, cosa voglio ottenere da tutto questo? Ho deciso: l'avventura, la sfida. Per prima ho ottenuto un tailleur pantalone molto fine, avrei quasi potuto sceglierlo io. Quando ho chiesto qualcos'altro, ho ottenuto un vestito cortissimo, aderente. Era così stretto che respiravo a malapena. Ma volevo la sfida, mi sono detta, e così l'ho tenuto.

Hai detto: la selezione dei vestiti in generale non mi piaceva e in particolare non mi piacevano i look scelti per me. Avevano un pregiudizio sugli abiti adatti a una donna della mia età.

Cosa ci fa vestita così? hai detto. *Lei* era tua madre, tu sua figlia – così come lo ero io, per amore e per legge. Lei era la donna che in inverno comprava cappotti perché erano chic e non perché tenevano caldo, che non portava mai il cappello perché andava fiera dei suoi capelli ancora splendenti, che ogni inverno si sottoponeva a un trattamento

contro le vene varicose per indossare pantaloncini e vestiti in estate. Tua madre, che ha cresciuto tre figli da sola, in relativa povertà, che ha goduto di momenti di lusso e leggerezza soprattutto grazie all'attenzione ricevuta dagli uomini per il suo aspetto. Tua madre, che ha perso uno di voi e si è aggrappata a voi che restavate, a se stessa e alla vita aggrappandosi al proprio aspetto, conservandolo. Tua madre che quel giorno indossava una giacca rosa pastello senza maglietta sotto e così si vedeva la pelle rugosa del décolleté e, quando si muoveva, la curva del seno, il pizzo del reggiseno.
È troppo scollato, hai detto, è sconveniente!
Ammetto di aver avuto lo stesso pensiero, ma immediatamente ho pensato anche: è la mia reazione a essere sconveniente, dimostra quanto io sia conservativa, influenzata dalle convenzioni sociali sull'aspetto di una donna anziana. Dovremmo esserle grate invece, ho detto, per essere così coraggiosa da sfidare le nostre idee su quali corpi meritino di essere mostrati in pubblico.
D'accordo, hai detto, forse è giusto che alcune donne lo facciano. Ma non mia mamma!

Hai detto: i proiettili fanno un suono dolcissimo al loro passaggio, un click esile come quello di una macchina fotografica quando colpiscono qualcosa o qualcuno vicino a te.

Tu eri la donna che regnava su reami del giallo, portavi il vestito quasi fosse un ruolo creato apposta per te. Eri

un sole attorno a cui le macchine fotografiche orbitavano, il click un giusto accompagnamento al suono frusciante del tuo abito. Nel testo che hai scritto per la rivista ci hai ricordato il doppio significato di *shooting*. Il tuo testo si spostava dal set di Berlino alla zona di guerra in Siria e attraverso l'anno che separava quelle due realtà.
Hai detto: un mio amico tedesco ha commentato, sembri proprio la tipica rifugiata!
Prima del servizio fotografico hai detto che in Siria avevi uno stile modo deciso, ma al tuo arrivo in Germania l'avevi perso. Hai detto che speravi che questa esperienza ti aiutasse a trovare un nuovo stile. Non so se così è stato, ma vedendoti in quel vestito e leggendo il testo di accompagnamento una cosa era chiara: potevi fare tutto con stile.

Come sto? Mumji, nata ad Amritsar, in India, nel 1930 (così dichiarava il suo passaporto, rilasciato in Gran Bretagna negli anni sessanta). Mumji, seconda di quattro sorelle, cresciuta in un'epoca, una famiglia e una cultura che considerava le figlie come un peso (la necessità di evitare il disonore, il pagamento della dote). Mumji che – a quattordici? quindici? sedici anni? – ebbe una storia d'amore e rimase incinta, tenne la bambina e la partorì di nascosto (come ho scoperto a vent'anni). Mumji, che vede sua madre prendere sua figlia e crescerla come quinta «sorella» (a questa bambina, fin da subito, aggiungevano degli anni per confondere la realtà e fugare i sospetti). Mumji, esclusa dalla lista degli «amati e benedetti» per cui sua madre ogni sera invocava la protezione di Dio. Mumji, che trovò nel proprio aspetto l'unica chance di sfuggire all'onta e alla vergogna del suo «peccato». Mumji, che poté mascherare momentaneamente il suo «errore» con un improvviso tumulto del tempo, la storia in marcia, la Partizione, la violenza collettiva, gli stupri di massa, il caos di molti crimini commessi, mai ammessi, mai puniti. Mumji, che ammaliò l'uomo del Kenya arrivato in cerca di moglie, che lasciò il suo paese, la sua famiglia, sua figlia – tutto – per avere un'altra occasione nella vita. Mumji, che si unì alla famiglia allargata di suo marito a Nairobi, che era circondata da parenti ma si sentiva sola, vulnerabile, insicura. Mumji doveva apparire al meglio perché era il metro che misurava il suo valore, anche se così facendo svalutava gli altri. Non poteva mai essere vista per com'era davvero ma era esposta, era abituata a nascondersi, non poteva fidarsi mai e aveva paura di essere scoperta: questo condizionava il suo sguardo. Sì, parlava ininterrottamente, puntava il dito, insinuava, malediva; ma, mi accorsi a poco a poco, stava sempre sul vago. Negli ultimi tempi, alle mie domande, ripeteva semplicemente quello che aveva già detto molte volte o raccontava cose all'apparenza scollegate. Per tutto quello che diceva, c'era così tanto che non poteva dire. A volte credo di capire perché, altre mi sfugge. Forse non capirò mai, non completamente.

Hai scritto una lettera in tedesco e l'hai tradotta in inglese. Mi hai chiesto di controllare la traduzione. Leggendola ho pensato: non rimbalzano solo i proiettili, ma anche la bellezza, la vitalità, il desiderio di libertà. Hai detto: quando ripenso al nostro servizio fotografico, ti vedo in questo ampio abito giallo, con la vita stretta e il colletto piumato. Ti sento ridere. Siamo vicine al tavolo degli *oggetti di desiderio*, dove noti il libro di una femminista americana; lo afferri e dici: ah, questo l'ho tradotto in arabo. E poi lo rimetti al suo posto con drammatica disinvoltura. Hai detto: ho appena finito di leggere il pezzo che hai scritto sullo shooting, il servizio fotografico e l'eccitazione per i vestiti, il trucco, le acconciature. E di quest'altro shooting a Damasco, la sparatoria a cinque ore di volo. Hai detto: da sociologa, mi sono spostata più volte tra posti di guerra e questo posto, *qui*. È stato quasi intollerabile ritornare in un mondo dove il giusto colore delle scarpe è la scelta più difficile di una giornata. Mi ha dilaniato. Leggere il tuo testo ha riacceso questa sensazione. Ma ha anche rievocato il potere e l'orgoglio e la solidarietà che nascono quando si vive un conflitto. L'energia indomita e quasi folle di un ampio abito giallo con un colletto piumato. Senza quell'energia è impossibile sopravvivere in una zona di guerra. Hai detto: scrivi che un amico una volta ti ha detto che nella vita di tutti i giorni sembri una tipica rifugiata. Non so cosa significhi. Ma vorrei che chiunque sia arrivato qui da una sparatoria si senta almeno una volta come ti ho vista quel giorno al servizio fotografico: una figura maestosa che percorre il mondo a grandi falcate e con uno sguardo di sfida.

Non ci facciamo abbastanza complimenti, hai detto. Ho pensato a tutte le volte che ho notato e apprezzato qualcosa senza dire niente, perché mi sembrava frivolo interrompere una conversazione per sottolineare quanto fossero belli quegli orecchini, le scarpe o il colore di un maglione. A volte scrivo delle mail in seguito, PS: Dimenticavo, capelli/collana/camicia stupenda! Ho pensato all'estrema attenzione riposta dalla mia famiglia nell'aspetto fisico e con quanta determinazione io provassi a sfuggirvi. E se non posso sfuggire, come capita – o mi è capitato –, molte cose ricevute in eredità, forse posso usarle in modo più proficuo, più gentile.

Ho pensato a mio nonno che ogni singola volta io e mia sorella andavamo a trovarlo, fosse trascorso un giorno o mesi dall'ultima volta, commentava: vedo che hai messo un paio di chili. Oppure diceva: vedo che hai perso un paio di chili. Mettere e perdere avevano una connotazione diversa per lui, perché ci considerava troppo magre. Alla parola «perdere» ci sentivamo un filo meglio – abituate ad altre preferenze culturali –, ma non bastava per alleviare la sensazione soverchiante di scrutinio, il disagio provocato dalle bilance nei suoi occhi. Anche lui si misurava. Ho messo un paio di chili, sospirava ficcando il pollice nella vita dei pantaloni. Ho perso un paio di chili, diceva aggiustandosi il turbante, come se avvertisse il cambiamento lì.

Ho pensato a come mi trattengo per non commentare l'aspetto di mia nipote di tre anni, a come mi sforzo di non esclamare quanto è adorabile con quel suo delizioso corpicino infilato in vestiti eleganti e costumi fru-fru.

Ho pensato a come colgo ogni occasione per fare i complimenti a mia madre, perché credo che non sia stata ammirata abbastanza e tutto il tempo del mondo non basterebbe ad ammirarla quanto merita. Come se potessi compensare le sue perdite, quello che sua madre non le ha dato, quello che ha provato con tutta se stessa a darci – a noi, le sue figlie – e pur donando ha perduto perché dava troppo di sé. Si eredita tutto, a quanto pare: le correzioni come gli errori.

Hai detto: è stato un bagno di umiltà vedere tanta bellezza reale. Sentiamo così spesso la frase «ognuno è bello a modo suo», ma nel servizio fotografico per me quelle parole hanno assunto un significato diverso.

Ho pensato al mio bisogno di legittimazione, ai miei tentativi di trascendere l'aspetto pur tenendoci moltissimo. E così sono tornata a mia madre, all'adulazione giustificata nei suoi confronti che però rifuggo negli altri. Perché i complimenti valevano solo per qualcuno? Quanto aveva a che fare con me e con le mie idee di che cosa dovrei o potrei essere, in base al contesto e alla compagnia?

Hai detto: è stata una gioia inaspettata godere spudoratamente della bellezza nostra e delle altre.

Ho pensato a cosa significava che quei momenti di profonda connessione fossero possibili dentro – o grazie a? – un ambiente molto artificiale, mediato, in fin dei conti commerciale. Ho pensato che non fosse merito dell'ambiente, ma tuo-mio-nostro. Mi stavo illudendo?

Abbiamo pensato che questo ti starebbe bene, ha detto la stilista. Vedevo solo grigio. Un po' spento, ho detto. Non lo sarà una volta indossato, ha commentato consegnandomi il completo. Prova e vedrai.

Hai detto: è stata una rivelazione scoprire la maestria nell'industria della moda. È stata una rivelazione anche dover affrontare i pregiudizi, i cliché sui direttori creativi. Invece le stiliste si sono dimostrate delle donne incredibilmente gentili, modeste, pragmatiche, con un occhio sbalorditivo per i dettagli. Ho capito che, in realtà, sono artigiane.

Ancora titubante ho indossato la camicia bianca, allacciando la gonna ho sospettato che la stilista avesse ragione, infilando la giacca ho intuito che stava accadendo qualcosa di straordinario... calzando i tacchi alti verde pappagallo ho capito che il completo mi aveva trasformata. Le spalle, allargate da decorazioni di stoffa spessa, sembravano qualche metro più ampie; le pieghe rigide della gonna di lana estendevano la mia figura; le scarpe mi regalavano una nuova altezza. Occupavo molto più spazio del solito. Avevo una presenza diversa, più potente, perché ero più grande ma anche perché mi sentivo favolosa.
Ho dovuto togliere il completo quasi subito: era troppo stropicciato, così dicevano, gli serviva una stirata. Pensai

alla stanza dall'altra parte del salone, piena degli scatoloni dove erano stati consegnati i vestiti. Molti lavoratori della rivista avevano trascorso il giorno prima a estrarre e appendere i vestiti. Più tardi, avrebbero fatto le ore piccole per spacchettare altri vestiti destinati al secondo round del servizio. Il giorno dopo ancora, avrebbero ripiegato e rimpacchettato tutto e l'avrebbero spedito a Parigi per lo shooting successivo. Quei vestiti – file e file, appesi a gruccia dopo gruccia – erano perseguitati dalle vestizioni passate e future; le loro pieghe erano infestate da desideri e delusioni; tra le giunture perfettamente cucite sussurravano gli spettri del costo – per i lavoratori, per le donne, per il pianeta.

Mentre creavamo il numero di gennaio 2020, anche l'edizione italiana della rivista stava provando qualcosa di nuovo: un numero con otto copertine illustrate, otto opere di diversi artisti che ritraevano le modelle vestite delle creazioni di un rinomato stilista. In calce c'era scritto: *No photoshoot production was required for the making of this issue*, per la realizzazione di questo numero non è stato necessario nessun servizio fotografico. Difficile non chiedersi se fosse solo l'ennesima strategia di vendita. L'editoriale della rivista dettagliava lo sforzo produttivo dietro alle fotografie originali dell'edizione più corposa del 2019: centocinquanta persone coinvolte. Circa venti voli aerei e una dozzina di viaggi in treno. Quaranta macchine a disposizione. Sessanta spedizioni internazionali. Luci accese per almeno dieci ore di fila, in parte alimentate da generatori a gasolio. Spreco alimentare del servizio catering. Plastica per avvolgere i vestiti. Elettricità per ricaricare i cellulari e le batterie delle macchine fotografiche, per alimentare le macchinette del caffè e i bollitori. Energia per un'infinità di telefonate, messaggi, ricerche internet, banche dati.

Da anni ormai le riviste di moda – sia cartacee sia online – pubblicano articoli sugli orrori delle fabbriche che sfruttano i lavoratori locali. Ci sono pezzi sul costo ambientale della moda e sulla necessità di renderla più sostenibile. Ci sono storie sul #MeToo, servizi speciali sul femminismo. Ci sono editoriali sull'immagine corporea e sulla pressione intollerabile esercitata sulle modelle affinché siano di una magrezza innaturale. Ci sono appelli per fissare a diciott'anni l'età minima. Ma è cambiato qualcosa? Le riviste sembrano ancora tutte uguali. Forse c'è un po' più di diversità tra le modelle, che però sono tutte molto magre e molto giovani, sfoggiano espressioni simili – a metà tra uno sguardo vacuo e sognante oppure eccessivamente sensuale e ammiccante, con la bocca socchiusa. I vestiti sono ancora prodotti in condizioni tremende. La maggior parte dei protagonisti coinvolti in qualunque stadio di qualunque processo riconducibile al termine «moda» è ancora sottopagata – alcuni molto più di altri. Il direttore editoriale dell'edizione italiana ha detto: questo è il nostro modo di dire che sappiamo di appartenere a un'industria lungi dall'essere sostenibile.

Spesso si dice che riconoscere il problema sia già un passo per risolverlo. Non è vero. Dare un nome a un'ingiustizia - per quanto sia un passaggio vitale - non significa necessariamente fare qualcosa per raddrizzarla. Le soluzioni, le migliorie, i cambiamenti derivano solo da un impegno attivo, prolungato - a volte di una vita intera - nell'affrontare il problema. E spesso in quel percorso bisogna interrogare se stessi quanto il problema. Eppure a volte anche interrogare è una forma di prevaricazione: ci crucciamo a volontà senza però cambiare modo d'agire. Un po' come fare penitenza pur continuando a peccare. Mi chiedo: quanto lo faccio anch'io?

Il dilemma della rivista di moda è il dilemma esistenziale che si trovano ad affrontare molte industrie e molti individui: per essere quello che dici di voler essere, devi smettere completamente di essere chi sei? Una rivista di moda sostenibile (per non dire femminista) non è una contraddizione in termini?

Mentre aspettavo sola nel camerino - ridotta alla mia solita taglia - il completo grigio senza stropicciature, per qualche istante mi sono sentita un po' come gli scatoloni spacchettati; solo che ero «vuota» all'esterno, sentivo la mancanza delle donne accanto alle grucce dei vestiti, la loro vicinanza era al tempo stesso uno scudo e un cielo aperto, offriva protezione e infinite possibilità. Sentivo anche la mancanza di quel completo palazzesco, il suo abbraccio pieno, la sua grandezza Tudor. Quando lo rindossai sentii che volevo viverci per sempre e solo dopo capii perché: mi dava la stessa sensazione provata in compagnia delle donne, ero vestita di una stoffa di possibilità.

Come sarebbe indossare per sempre una mantella di solidarietà intessuta di quelle presenze, sentire il loro calore rassicurante avvolgermi le spalle, il loro solido rifugio pararmi la schiena?

Hai detto: stare di fronte alla macchina fotografica mi è sembrata un'esperienza meno invadente finché ero con le altre donne. Quando mi sono trovata sola sono diventata più consapevole.

No, non parlate per un momento, ha detto la fotografa. Ci siamo fermate, solo per ricominciare un attimo dopo senza nemmeno accorgercene. No aspettate! State ferme solo un secondo; no, guardate me, non guardatevi tra di voi. L'abbiamo assecondata anche se avevamo deciso fin da subito che non volevamo riprodurre le tipiche fotografie di moda, dove la modella guarda in camera o in lontananza, né da sole né in gruppo. No, spostatevi; no, non sorridete; no, rifatelo; no, così non funziona. Ho sentito una tensione familiare attorno alla bocca quando la macchina fotografica si è avvicinata, ho provato a scioglierla sorridendo. No, non sorridere, ha detto la fotografa. Ho eseguito. La camera ha fatto click poi hai incrociato il mio sguardo, mi hai fatta ridere, e insieme siamo riuscite a esorcizzare la nostra obbedienza, a scardinarla.

Nella *Dialettica dei sessi* Shulamith Firestone, pur criticando ferocemente il sistema classista dei sessi e i suoi strumenti di indottrinamento, ha detto: le femministe non devono diventare troppo zelanti nei loro sforzi, al punto di negare platealmente la bellezza di una faccia sulla copertina [di una rivista di moda]. Perché non è questo il punto. La vera domanda è: la faccia è bella in modo umano – ammette la crescita e la trasformazione e il declino, esprime emozioni negative oltre che positive, si disgrega senza sostegni artificiali – oppure imita falsamente la bellezza molto diversa di un *oggetto inanimato*, come legno che vuole essere metallo?

Sei sparita, trascinata via dalla fotografa, per un momento sono rimasta da sola. Mi sono avvicinata al tavolo ricoperto delle cose che avevamo portato – libri, sculture, mappe, una lampada, cimeli di famiglia, gioielli. Tra loro due sciarpe di mia madre, la seta che spandeva risme di colore sugli altri oggetti, come faceva con la mia persona. Quando le indossavo mi sentivo come se mia madre avesse non soltanto aggiunto un tocco di stile all'insieme, ma infuso di luce la mia persona.

Hai detto: c'erano così tanti libri, ma quando ho provato a leggere ho scoperto che mi preoccupavo del mio aspetto, continuavo ad aggiustarmi, ad assicurarmi che fosse tutto al suo posto – a beneficio della macchina fotografica. Ho provato persino a inclinare la testa nell'angolo migliore, con o senza macchina fotografica. Quindi, ovviamente, non riuscivo a leggere. Non credevo che il set avrebbe esercitato un effetto così forte su di me.

Pensi: più ti avvicini al centro, più puoi plasmare il mondo e gli altri; ma più ti avvicini al centro, più capisci quanto è difficile liberarti del tuo stampo.

Sentire cosa avevi provato tu, vent'anni più giovane di me, ha portato in primo piano le mie reazioni. E allora l'età, pensavo, il tempo? Il peso accumulato dell'esperienza, del pensiero, della scrittura? Combattere per non rientrare in uno stereotipo? Perché questa attività consapevole si è rivelata così fragile davanti alla forza latente della conformità di genere, dell'eteronormatività? Perché la coscienza è relativamente nuova, mentre la «norma» è consolidata da millenni. Una differenza netta quanto il durame dalla corteccia: il nucleo centrale, vecchio, di un albero maturo, che costituisce la maggior parte del suo volume, è considerato «non vitale» ma sostiene e supporta l'albero vivente. Il durame non marcirà finché gli strati più esterni della corteccia resteranno intatti e funzionanti. In alcuni alberi, il durame può essere forte come acciaio.

Il durame delle convenzioni di genere sarà sempre lì, sotto la corteccia del mio femminismo. Sarà così per tutti noi, almeno in una certa misura, finché non cresceremo in un ambiente completamente diverso, finché non arriverà un'epoca nella quale il durame sarà privo di genere, o almeno, più proteiforme?

Senza avere il tempo di rendermene conto, ecco un'altra fotografa, la macchina puntata su di me. Ancora una volta ho sentito i lineamenti irrigidirsi per la tensione. Ma non mi sono concessa il sollievo di un sorriso. Sono sicura che la mia faccia fosse vuota, come succede per un istante alla mente nel mezzo di una conversazione. Le mie facoltà intellettive, le risorse creative a cui di solito attingo, disattivate per un attimo? Ero incapace di evocare qualcosa che potessi contrapporre all'attrazione dell'obiettivo, alla pressione di compiacere.

Susan Sontag ha detto: la vera esteriorità di uomini e donne (o l'aspetto che si concedono) non è identico a quello considerato più adatto per una macchina fotografica. Quello che in fotografia sembra azzeccato, o affascinante, in realtà è solo ciò che rispecchia una certa «naturalità» percepita nella distribuzione iniqua di potere convenzionalmente attribuito a uomini e donne.

Cosa dovrei fare? Ho detto.
Fai quello che vuoi, ha risposto la fotografa e sentivo che lo intendeva davvero, era curiosa, voleva darmi una chance. Non ho fatto nulla. Sono rimasta in piedi accanto al tavolo ingombro di oggetti di desiderio, toccando una delle sciarpe di mia madre. Accarezzai con gli occhi vari articoli, mentre le dita si libravano indecise. Non riuscivo a prendere un singolo oggetto. Andrà bene con quello che indosso? Si accorderà alla rivista? Rovinerà la fotografia? Volevo prendere il mio libro, ma temevo che sembrasse au-

topromozione. Volevo prendere un altro libro, ma temevo che sembrasse pretenzioso. Volevo prendere la sciarpa di mia madre, ma temevo che sembrasse nepotismo. Non ho fatto nulla. Sono rimasta davanti alla macchia fotografica sfogliando mentalmente i vari copioni, dimenandomi in cerca di un ruolo da interpretare. Volevo essere la scrittrice e la figlia, l'intellettuale e la modaiola, l'individuo e il collettivo. Volevo indossare la sciarpa di mia madre. Non ho fatto nulla. Non mi è venuto in mente che avrei potuto chiedervi aiuto. Avevo troppa paura di ammettere che volevo qualcosa solo per me, per mia madre, forse anche per Mumji. Ho guardato dritto in camera, vacua.

Hai detto: ho ammirato molto le donne che hanno accettato l'offerta di usare lo spazio disponibile per fare quello che volevano.

Hai portato un abito da sposa tradizionale, l'hai indossato e ti sei assicurata che lo fotografassero. Hai portato il tuo ultimo libro e l'hai tenuto con te tutto il tempo. Hai letto ad alta voce la tua poesia più provocatoria e hai chiesto a qualcun altro di leggere la traduzione in tedesco.

Non ho fatto niente. Non riuscivo a esprimere il mio desiderio.

Hai detto: il primo giorno mi hanno avvisato che sarei dovuta scendere a compromessi, perché è difficile ottenere campioni della mia taglia. Adesso, quasi un anno dopo la nascita di mio figlio, sono una taglia 38-40. Ma nemmeno i capi più grandi mi stavano, perché sono abbastanza minuta. Non mi piaceva l'acconciatura che mi hanno fatto ed erano riluttanti a cambiarla anche quando ho spiegato che mi sentivo a disagio. È stato un po' deludente. Il secondo giorno mi sono sentita un po' dimenticata e trascurata, anche se mio outfit era migliore.

La stilista ha detto: riusciamo ad avere solo una taglia campione per ogni capo. La taglia standard nel nostro mondo è la 34. Era la 36, ma negli anni le cose sono andate rimpicciolendosi. Forse ho commesso un errore. Non avevo previsto che molte donne avrebbero voluto indossare un vestito o qualcosa di più aderente. Se l'avessi capito subito, avrei ordinato taglie più grandi.

Hai detto: chi non era magra ha ricevuto grossi cappotti che coprivano le curve.

Hai detto: nel camerino con la tenda tirata ho pianto per un minuto.

Hai detto: le donne presenti erano lavoratrici infaticabili nella loro vita quotidiana, le ho ammirate per questo. La loro esperienza era evidente e questo più di tutto le riempiva di fascino.

La truccatrice ha detto: ci sono cose nel tuo volto che tu vedi e io no, altre che io vedo e tu no. Il mio lavoro è destreggiarmi tra il visto, il non visto, il non-voglio-vedere e il dovrei-farlo-vedere.

Hai detto: respiravo a fatica mentre la truccatrice faceva scorrere le sue dita sul mio viso. Pensavo che mi avrebbe messo un cerone. Mi ha chiesto se stavo bene. Le ho detto che ero preoccupata per le mie cicatrici. Ha detto: stavo proprio pensando che sei una persona a cui non serve molto trucco.

Hai detto: a un certo punto mi sono chiesta, che cosa ci faccio qui? Farebbe qualche differenza se non ci fossi?

Hai detto: le conversazioni più interessanti sono state con altre persone di colore o di provenienza eterogenea. Abbiamo parlato molto di apparenza, forse stimolate dal contesto della moda, arrivando poi a discutere di cosa significasse avere questo aspetto nella società. Ho avuto una lunga discussione sui capelli africani. Hai detto: il secondo giorno avevo una parrucchiera diversa e ho capito subito che aveva poca esperienza con il mio tipo di capelli. Ha provato diverse volte a ricreare un'acconciatura realizzata per le altre: uno chignon piccolo, stretto, formato a partire da diverse treccine di una coda di cavallo. Se avessi saputo quali erano le sue intenzioni, le avrei detto che non c'era speranza. Ero sorpresa perché tutte le parrucchiere al servizio fotografico erano ovviamente esperte e talentuose, davo per scontato che l'intera squadra sapesse gestire i capelli africani. La parrucchiera ha usato una piastra per lisciare i capelli davanti e ha fatto uno chignon molto stretto dietro. I miei ricci erano stati completamente domati. Mi sono alzata, ma continuavo a ripensare alla conversazione del giorno prima. Ho pensato: se finisco nella rivista con questa acconciatura, come posso giustificarmi con le altre? Così sono ritornata dalla parrucchiera e, molto gentilmente, le ho detto: mi dispiace moltissimo, ma per ragioni politiche non posso portare i capelli così. Era chiaro che la donna si sentisse ferita. Ho provato a sottolineare che non era personalmente responsabile, ma non ha aiutato. Semplicemente sollevare il problema è stato doloroso.

Hai detto: durante lo shooting cercavo la macchina fotografica, mi sono fatta avanti. Ho pensato: non sono qui per restare in disparte.

Hai detto: capisco di dover mettere dei paletti fin da subito. Noto che qualcosa non va come vorrei, ma spero per il meglio e non dico niente, più tardi devo fare retromarcia e diventa più difficile per tutti. Mi mettono questo vestito a fiori, fluido, che odio, ma continuano a ripetermi che era perfetto per me e ho pensato: be' forse ne sanno più di me, forse dovrei essere più aperta e accettarlo. Devo negoziare meglio quell'equilibrio, tra il permettere che affiori qualcosa di nuovo e sapere cosa non è giusto per me. Ho ammirato moltissimo le donne che sapevano cosa desideravano, che non hanno ceduto a quello che non volevano.

E quello che cos'è? diceva a volte Mumji a mia madre, a mia sorella o a me. È nuovo? diceva aggrottando la fronte in segno di disapprovazione. Spesso non lo era. Era lenta a notare qualcosa all'infuori della faccia. Anche un cambiamento drastico nel colore o nel taglio di capelli poteva passare inosservato per mesi. Ma quando un dettaglio catturava la sua attenzione, indagava, scuoteva la testa, rideva come se quel suono delizioso – aveva una risata stupenda, contagiosa – fosse un antidoto alla puntura. Ci si veste così al giorno d'oggi? diceva in un tono che sottintendeva che gli altri – chiunque fossero – erano matti. È la moda, diceva mia madre, evocando una tendenza di massa come se fosse più influente del suo gusto o della sua opinione personale. Ah, *fashiona-pitti*, diceva Mumji. Fashion victim.

Diceva di continuo a mia madre che cosa indossare o non indossare, ma se mia madre provava a suggerire cosa le donasse di più, oppure notava che uno dei vecchi abiti riconvertiti da Mumji si stava scolorendo, Mumji metteva in chiaro che i commenti non erano benaccetti. Sistemava il *chuni* sopra la macchia del kamiz e ricordava a mia madre che ovunque andasse lei era *la* migliore.

Hai detto: mi colpisce ogni volta quanto le donne siano disposte a rinunciare alla loro agency. Me ne accorgo anche quando ci troviamo solo per discutere. Ci facciamo mettere i piedi in testa. Al servizio fotografico le donne soccombevano al set, si abbandonavano alla corrente. È una qualità, ma quali sono gli svantaggi? E se resistessimo o rindirizzassimo la corrente? Mi chiedo: che cosa attiva l'agency, che cosa la rende visibile e palpabile? Che cosa la rende duratura?

Agnès Rocamora e Anneke Smelik hanno detto: la nostra agency si concretizza in oggetti e articoli materiali, come i vestiti.

La stilista ha detto: con una donna abbiamo passato in rassegna moltissimi capi diversi ma continuava a dire no, così non va. Ha cominciato a dire di no prima ancora di provare la proposta. Era quasi fine giornata, ero già molto stanca e una parte di me voleva rinunciare, ma ho continuato a farle proposte finché abbiamo trovato un abbinamento molto bello. All'improvviso, a un passo dal litigio siamo passate a festeggiare.

L'agency non è solo l'abilità di una donna di agire in modo più o meno libero in un dato momento. L'agency è plasmata dalla storia. E per secoli alle donne non solo era proibito agire in modo indipendente, ma scoprivano che cambiava poco se lo facevano o addirittura venivano punite.

Rebecca Solnit ha detto: avevo una precondizione di afonia per aver vissuto così tante esperienze futili.

L'unica volta che ho visto Mumji perdere completamente le parole è stato quando ho provato, insieme a mia madre e mia sorella, a parlarle del suo passato, a dirle che sapevamo della figlia illegittima, che non c'era più bisogno di fingere. Continuava a deglutire, chiese dell'acqua, la voce si spezzò. Per qualche minuto sembrava che avessimo fatto breccia – dentro di lei, verso un altro stadio del nostro rapporto. Poi si ritorse contro di noi; ci colpì con tutta la forza della negazione. Non la finiva più. Risollevò la questione a intervalli regolari – *quel giorno*, il giorno che l'avevamo aggredita con false accuse. Anzi, non noi. Fu mia madre, ovviamente, a prendersi la colpa, a portare come sempre il peso di tutto.

Ci sono diversi tipi di afonia. A volte prende la forma di urla.

Che cosa ci vorrà per superare quell'afonia? Secoli di donne che esercitano la propria agency e per questo saranno supportate, persino celebrate, finché la loro voce diventerà indiscutibile?

Creare significati, creare connessioni, anche questi sono modi di creare struttura; strutture temporanee, polivalenti, da contrapporre a una struttura monolitica, radicata. Forse sono le strutture più resistenti perché sono flessibili, giocose, rispettose, generose. Abitarle, conviverci – insieme, resistendo – ecco cosa dura nel tempo, cos'è prezioso.

Come sto? Cos'hai mangiato? Adesso provo quasi un rispetto riluttante per le domande di Mumji, l'assenza di inibizione nell'esprimere certi desideri. Niente avrebbe potuto soddisfarli, ma almeno sapeva esprimerli. Ancora mi confonde e mi addolora che la sua loquacità sapesse permeare tanti silenzi – molti più di quanto pensassi prima di scrivere, molti più di quanti potrò mai sapere.

I vestiti hanno potere, fanno un effetto, ha detto la stilista. Datti tempo con i vestiti. Indossali finché ti sembrerà di non averli più indosso.
Ero assolutamente soddisfatta del mio completo-palazzo, ma quando ho visto che le altre si stavano cambiando ho voluto provare anch'io un nuovo look.

Shahidha Bari ha detto: avere occhio per i vestiti è un'abilità specifica quanto un orecchio musicale o una predisposizione per i numeri.
Mi sono cambiata ma poi ho rimesso il completo, l'ho indossato per il resto della giornata.

Testo e tessuto condividono la stessa radice etimologica: il latino *texere* – tessere, unire, assemblare, intrecciare, intessere, costruire, fabbricare, erigere. Il testo e il tessuto sono formati da materiali diversi, ma entrambi offrono, ciascuno a modo suo, un carattere strutturale necessario nelle nostre vite per la percezione del sé e del mondo. Nel loro insieme sono sempre costruiti, pinzati e quindi anche passibili di separazioni, nuove unioni, rifacimenti. Questa capacità di trasformazione è analoga al rinnovamento delle nostre possibilità di essere e vedere.

Dana Thomas ha detto: il 60% dei nostri vestiti contiene tessuti sintetici come il poliestere, un tipo di plastica. Il poliestere non è biodegradabile, non può essere riciclato e quindi finisce tutto in discarica. Non può essere riciclato nemmeno quando è combinato a qualche altro tessuto, come il cotone. Per di più, gli indumenti che contengono poliestere immettono nell'ambiente delle microplastiche inquinanti a ogni lavaggio. Si stima che un carico medio di bucato rilasci sei milioni di microfibre nel sistema idrico.

Hai qualcos'altro per me? ho chiesto alla stilista. Mi fidavo del suo giudizio, non vedevo l'ora di scoprire cosa mi avrebbe proposto.
Hai detto: negli ultimi anni ho pensato al mio corpo quasi esclusivamente nella sua dimensione materna. Il mio corpo era votato ai miei figli, ad allevarli, a consolarli e adorarli. I vestiti non erano importanti perché qualunque cosa indossassi finiva per essere macchiata di cibo o saliva o latte. Mi piaceva moltissimo l'idea di farmi vestire da qualcuno che non sapeva niente di me o del bagaglio dei miei quarantatré anni.
La stilista mi ha guardata per un momento: perché non proviamo qualcosa di completamente diverso, ha detto, raffinato e glamour? Un'assistente ha portato un abito da sera luccicante di paillette nere. Non credo di entrarci, ho detto. Provalo, ha detto lei. Ero sicura di non entrarci. Nei giorni precedenti avevo mangiato male. Quella mattina i jeans mi stavano un filo troppo attillati. Mi immaginavo come una protuberanza nel vestito; poi il tessuto ha ac-

carezzato la mia pelle: fresco, sicuro, pesante. Il suo peso voluttuoso premeva contro il mio corpo, poi si è richiuso attorno a me mentre qualcuno chiudeva la zip sul dorso. Avevo un corsetto di lustrini: mi levigava, mi elasticizzava.

Il completo mi aveva ingrandita, aveva espanso l'abitazione del mio corpo da casa a palazzo, ma tutto sommato ero rimasta padrona della residenza. L'abito – con le sue linee sobrie, il taglio semplice – prendeva il controllo, occupava il mio corpo, mi annegava, dettava legge. Se il completo era un edificio allora l'abito era un pozzo profondo in una notte buia, la superficie scintillava alla luce di ogni complimento ricevuto mentre lo indossavo; ogni parola di ammirazione si infrangeva in un milione di smerigli luccicanti sopra le perline liquide. Quel vestito mi indossava: esigeva che tirassi indietro le spalle, alzassi la testa, trattenessi lo stomaco, respirassi solo all'apice dei polmoni. Mi ordinava di muovermi attentamente, stringendo la stoffa sopra le cosce e sollevandola per evitare che l'orlo strisciasse sul pavimento, mi impartiva di camminare lentamente nei tacchi verde pappagallo per non inciampare. Mi sono sottomessa al suo abbagliante dispotismo perché mi sentivo incantevole, malgrado l'oppressione, e le reazioni delle donne attorno a me amplificavano questa impressione. Era splendido essere così splendente. Mi abbandonai alla sensualità del momento, alla sua sottile carica erotica confermata dal momento delizioso in cui, decisa a sottrarmi al dominio regale dell'abito, ho chiesto a una di voi di aiutarmi e mentre la tua mano scivolava sulla mia schiena hai detto: ho sempre desiderato slacciarti un vestito.

Hai detto: ho sempre evitato le cosiddette «robe da donne», non mi hanno mai attirata. Però con questa esperienza ho cambiato idea. Stare insieme aveva una dimensione sorprendentemente sensuale.

Schulamith Firestone ha detto: l'erotismo è *eccitante.* [...] Senza quella scintilla la vita sarebbe una solfa scialba e abitudinaria. [...] Perché tutta la gioia e l'eccitazione è stata concentrata, racchiusa in un'esperienza umana ristretta, difficile da trovare, lasciando alla devastazione tutto il resto? Quando chiediamo di eliminare l'erotismo, non intendiamo eliminare la gioia e l'eccitazione sessuale ma la sua ripartizione nello spettro delle nostre vite – ce n'è molto in giro, aumenta con l'uso.

Firestone e la maggior parte delle femministe chiedono l'eliminazione dell'erotismo nella sua forma più ubiqua: l'oggettificazione sessuale, una conseguenza del fatto che in molte società le donne sono associate all'aspetto e valorizzate in base al loro corpo molto più rispetto agli uomini, oltre al fatto che il corpo e l'aspetto delle donne sono stati considerati a lungo – se non manipolati e sfruttati – come se il loro scopo principale fosse soddisfare gli uomini. Sandra Bartky ha detto: [...] qualunque cosa diventerà, lei sarà soprattutto un corpo pensato per compiacere o eccitare gli uomini. Ovunque arriva questo messaggio alle donne: da genitori, insegnanti, amici, partner, figure pubbliche, da libri, film, tv, notiziari, pubblicità, riviste di moda. Il disciplinatore sono tutti e nessuno in particolare, dice Bartky. Tuttavia, secondo il femminismo, perché la situazione cambi e si possa raggiungere una parità gli uomini devono smettere di oggettificare le donne, ma anche le donne devono resistere alla tentazione di oggettificarsi.

Mi stavo oggettificando nell'abito nero di paillette?

Martha Nussbaum ha affermato che l'oggettificazione non è per forza di cose un fenomeno negativo, pur rintracciando le sue radici nella disparità sociale e di genere e sottolineando i suoi risvolti dannosi. Ha detto: [...] l'oggettificazione ha delle caratteristiche positive o negative, a seconda del contesto generale. Ha detto: alcune caratteristiche dell'oggettificazione [...] in alcune circostanze [...] in realtà possono essere meravigliose nella vita sessuale, [e così] il termine oggettificazione può essere usato [...] anche in un'accezione più positiva. Per accorgersene è necessario [...] rendersi conto che dopotutto si può trovare la combinazione presumibilmente impossibile tra (una forma di) oggettificazione e uguaglianza, rispetto e consenso.

Le obiezioni alla teoria di Nussbaum nascono dall'assunto che il contesto – paritario, rispettoso, consensuale – che potrebbe consentire o giustificare un'oggettificazione positiva in realtà è molto raro tra uomini e donne. La critica è percorsa da un accenno di accusa perché considera irresponsabile suggerire un risvolto positivo di un fenomeno violentemente negativo. Al servizio fotografico, così come nella vita, c'erano contesti differenti, sacche di energia diversa, realtà alternative persino nel contesto più ampio del capitalismo.

La fotografa ha detto: mi sentivo così energica dopo l'esperienza; e quell'energia è rimasta con me, cosa molto rara.

Che cosa significa non poter dire qualcosa che è vero in alcune circostanze, perché nella maggior parte delle circostanze non è vero? Cosa significa non poter riconoscere una certa esperienza di realtà perché smentisce la realtà più ampia? La scintilla occasionale nell'oscurità non potrebbe essere un primo segnale, una bussola per il futuro?

Ogni numero della rivista ospita una lunga intervista con un personaggio importante o influente. Il nostro numero ospitava una visione polivalente: un'intervista a sette donne diverse, tra cui io. Non c'era intervistata e intervistatrice, ma solo uno scambio tra sette menti ugualmente curiose su cosa sia una «visione», sette menti e cuori ugualmente disposti a riflettere su come il nostro rapporto con la realtà e con gli altri possa essere trasformato da cosa siamo disposte a vedere.

Hai detto: che cosa succederebbe se anziché lasciarci trascinare da un realismo forse troppo ubbidiente, ci facessimo trascinare invece dall'idea di possibilità?

Hai detto: spesso la visione e l'ispirazione sono rappresentate come lampi di luce sbucati dal nulla, già perfettamente formati. Ma nella mia esperienza ogni visione è sempre sbocciata da un lungo processo di pensiero, parola e ricerca.
Hai detto: le visioni cambiano in continuazione.
Se non cambia non è una visione, ma una prigione.
Hai detto: i lampi forse sono la prima avvisaglia di una visione. Ma ci sono così tanti parafulmini attorno a noi. A volte l'intera società fa da parafulmine, assorbendo il lampo in profondità nella terraferma dello status quo, dissipando la sua luce e la sua energia.

Hai detto: se rendete così belle così tante donne di età e taglie diverse, a che vi servono le modelle? Mi sembra che vi servano stiliste e fotografe migliori.

Le modelle non servono forse a suscitare insicurezza e quindi una forma di brama e desiderio? Con la loro giovinezza e l'apparente perfezione rappresentano un ideale alla portata di poche. Queste riviste formano un divario incolmabile tra la realtà e l'aspirazione allo scopo di rendere la loro offerta più irraggiungibile, quindi più consumabile. Per avvicinarti a quel che non puoi essere devi comprare.

Hai detto: secondo una fotografa, la mia faccia crolla appena lei solleva la macchina fotografica. Dove sta il problema, nella faccia o nella macchina fotografica o altrove?

La truccatrice ha detto: per me l'essenza della moda è la presenza. Le modelle migliori sono concentratissime, si abbandonano completamente all'attimo. Ecco cosa distingue le supermodelle dalle altre.

La fotografa ha detto: è stato importante chiedere alle persone di non farsi più selfie e di riporre i cellulari. Disturbavano troppo. La concentrazione è fondamentale per ottenere belli scatti.

Hai detto: una fotografa gravitava attorno alle donne più naturali davanti all'obiettivo. Ha lasciato perdere le più impacciate o imbarazzate, non era disposta a sforzarsi con loro.

La stilista ha detto: forse è ingiusto dirlo ma molte modelle giovani assomigliano più a un oggetto che a una persona; hanno le proporzioni perfette per entrare in vestiti minuscoli, aderentissimi. Con le modelle più adulte ed esperte è diverso, sanno dialogare con l'obiettivo. I loro movimenti completano il vestito, bastano un paio di gesti per fargli prendere vita.

La fotografa ha detto: le donne avevano caratteri così forti, a prescindere dai vestiti. Vedevo l'intelligenza e la personalità emanare da ciascuna donna. La maggior parte delle modelle sono addestrate a essere un foglio bianco su cui proiettare idee e fantasie.

Hai detto: è stata una faticaccia. Ho molto più rispetto per le modelle ora, per la loro tenacia. Impazzirei se dovessi farlo di continuo.

Susan Sontag ha detto: ovviamente, i soggetti più avvezzi a posare – donne di successo, donne di fama – offriranno qualcosa di più cauto o sprezzante.

Donne poco abituate a stare davanti all'obiettivo offriranno qualcosa di completamente diverso, (non) intenzionalmente. Possono tirarsi indietro per dubbi, riserbo o insicurezza, nascondendosi in qualche modo. Possono essere audaci per sicurezza, indifferenza o curiosità, rivelandosi in qualche modo.

Per un attimo io e la macchina fotografica abbiamo ingranato. È successo quando abbiamo distolto lo sguardo, quando il suo occhio è cascato sulla mia gamba, individuando la cicatrice sul polpaccio sinistro, tutto teso per via dei tacchi verde pappagallo. È il mio segno di vittoria, quella cicatrice, l'eredità di un tumore rimosso vent'anni fa. Non so cos'abbia letto la macchina fotografica in quella linea di tessuto screziato. Forse ha visto soltanto il potenziale fotografico del contrasto estetico: una vecchia ferita in una scarpa nuova di zecca. Forse ha sentito che la cicatrice rispondeva alla pretesa di perfezione della moda. Forse intuiva che c'è sempre una ferita, visibile o invisibile.

Ogni volta che mia madre provava qualcosa – inseguiva sempre nuove passioni – Mumji diceva: ma hai già venduto? Si può dire che lo chiedesse a buon diritto, considerando che spesso era lei a finanziare le imprese di mia madre. Un altro corso, per fare che? brontolava Mumji rivolta a me. Non concepiva l'idea dell'apprendimento fine a se stesso, dell'arte come esplorazione, della classe come comunità, della creazione come strumento di comprendere il mondo e restituire qualcosa. Quando comincerà a guadagnare? chiedeva Mumji, come se soltanto il profitto giustificasse un'attività – e questo nonostante lei non avesse mai avuto un lavoro retribuito. Non era l'unica ad avere quell'atteggiamento, esempio di una mentalità capitalistica. Raramente lo sforzo creativo trova riconoscimento, acquisisce valore dal risultato: a niente valgono le ore passate a sgobbare se non portano attenzione o paga.

E così è questo che fai? Mumji sembrava quasi sbalordita mentre esaminava la sciarpa che mia madre le aveva donato. Il tempo di prender fiato e voleva sapere quanto costasse produrla, quanto tempo ci voleva e, inevitabilmente, a quanto sarebbe stata venduta. Non indossò mai la sciarpa: diceva che era troppo bella e andava conservata per un'occasione speciale, oppure che le aveva dato irritazione, oppure che l'aveva riposta con tanta cura da perderla.

Mi hai raccontato della lettera più bella che avessi mai ricevuto. Una lettera scritta da tua figlia che riconosceva una tua qualità meravigliosa, l'abilità di vedere le persone non per quello che sono ma per quello che potrebbero diventare. Una lettera che terminava con la frase: grazie per avermi vista.

Qual è il criterio per valutare il successo dell'esperimento con la rivista? Sicuramente non le vendite. Hai detto: non lo chiederò mai, va contro ogni mio valore anche solo sollevare l'argomento.

Pensavo che la storia della rivista si sarebbe chiusa all'uscita del numero. Pensavo che sarebbe stata la conclusione dei nostri sforzi.

Hannah Arendt ha detto: la ragione per cui non siamo in grado di predire con certezza la riuscita e la fine di ogni azione è semplicemente che l'azione non ha fine. [...] L'azione, qualunque ne sia l'origine, agisce in un medium in cui ogni reazione diventa una reazione a catena e dove ogni processo è causa di nuovi processi. [...] Anche il più piccolo atto nelle circostanze più limitate ha in sé il germe dell'illimitatezza, perché un solo atto, e qualche volta una sola parola, basta a mutare una costellazione di atti e parole.

L'esperienza della rivista continuava ad assillarmi, esigeva di essere raccontata in tutta la sua ricca complessità; braccava le mie conversazioni, riaffiorava di continuo, un enigma che non perdeva il suo fascino delizioso e controverso; mi seguiva nel piegaciglia che ho comprato perché la truccatrice aveva detto: hai delle ciglia belle e lunghe, vanno solo sollevate un po'; è rimasta nei nuovi legami, nei piani abbozzati, negli incontri a venire. Eppure, mi sentivo a disagio a passare così tanto tempo a pensare alla moda. Ne vale la pena? continuavo a domandarmi. Tra tutti i modi di guardare al mondo, perché questo?

Perché la moda? Come se fosse un argomento frivolo, come se fosse riduttivo per semplice associazione, come se contaminasse le mie credenziali – di femminista, di scrittrice. Ho preoccupazioni simili quando scrivo di cibo e soprattutto quando preparo cene elaborate, come se questo interesse, questo piacere, sminuisse la mia levatura intellettuale. A differenza di Mumji, che si è sempre vantata del tempo passato a cucinare per gli ospiti, un tempo ammettevo solo a fatica di aver impiegato una giornata e mezza per preparare la cena. Anziché pensare che gli ospiti sarebbero stati lusingati del mio impegno in loro onore, li immaginavo convinti che non avessi niente di meglio da fare o che il mio tempo non fosse prezioso o che potessi tranquillamente sprecarlo tra la spesa e la cucina. Era perché la battaglia per essere presa sul serio andava a scapito (era dovuta andare a scapito) di altre attività? Ma cosa rivelavano davvero le mie ansie e i miei pregiudizi su che cosa fosse «serio» e cosa no?

Poi ho scoperto che esiste una lunga tradizione di teoria sulla moda. I testi, scritti soprattutto da uomini – filosofi francesi, sociologi tedeschi – nel corso del Novecento, rimangono un punto di riferimento imprescindibile nel discorso accademico attuale che si riversa nei dipartimenti universitari di Media, Comunicazione e Cultural Studies. Be', pensai, se quei rinomati pensatori si erano degnati di scrivere di moda, allora non poteva essere frivola. Mi sono procurata i testi, ma il disagio restava, assumeva anzi una forma più acuta: un prurito bruciante al pensiero che questo corpus di testi scritti da uomini all'improvviso avesse conferito legittimità alla mia opera. Credevo che le mie idee avessero più valore se basate, o derivate, dalle loro. Lo credevo pur non volendoci credere. Lo credevo ma al tempo stesso ero convinta del contrario, che l'unico sforzo fruttuoso fosse nello spirito dell'esperimento della rivista: lo sforzo di sfidare le convenzioni, di saltare dal trapezio delle certezze del passato e, semplicemente, volare. Solo volando – o, come diceva Hannah Arendt, pensando senza corrimano – potremo scorgere una visuale diversa, intravedere qualcosa di nuovo.

Hai detto: voglio mettere sotto pressione la struttura, portarla all'orlo del collasso, spingere finché sta per disgregarsi; e poi ripristinare l'ordine e riconfigurare la struttura o me stessa in rapporto alla struttura.

Leggo i testi. Mi dico che non c'è niente di male a familiarizzare con la struttura, conoscerla come un guanto. In realtà temevo di perdere qualche caposaldo immancabile della teoria, qualche raggio di comprensione inconfutabile senza il quale la mia struttura avrebbe vacillato. Negli ultimi anni, ho letto deliberatamente le opere di donne o persone non binarie, soprattutto in traduzione. Eppure la lettura, tra tutte le attività, non dovrebbe essere ortodossa. Così ho deviato per qualche settimana e ho seguito i venerandi uomini – come ho fatto per quasi tutta la mia vita e come faccio più spesso di quanto vorrei – nel pensare, e de-pensare, i momenti del fare. Leggo e leggo. Senza trovare nulla. Quelle letture erano aride, alcune interessanti ma irrilevanti, alcune significative ma trascurabili ai miei scopi. Metto i libri da parte. Non avrei citato nessuno di quegli uomini nel mio scritto sulla moda.

Esistono colori troppo complessi per l'occhio umano. Sono noti come «colori impossibili». Non sono percepibili perché sono fuori dalla portata dei tre tipi di coni nella retina.

Donna Haraway ha detto: l'occhio di un primate è potenziabile all'infinito. Le tecnologie visive che supportano la vista – a scopi scientifici, economici, medici o ricreativi – sembrano illimitate. Haraway dice: la visione è *sempre* questione di potere nel vedere e forse di violenza insita nelle nostre pratiche visive. Ha detto: gli occhi sono stati usati per connotare una capacità perversa – perfezionata nella storia della scienza militare, capitalistica, coloniale e maschilista – di distanziare il soggetto conoscente da tutto e tutti, a beneficio di un potere privo di restrizioni.

L'impulso a vedere di più, qualunque sia il fine, non è innocente, non va preso alla leggera, poiché la visione è stata – spesso è tuttora – fortemente connessa all'acquisizione, al dominio. Questo non significa che non si può essere ambiziosi nella vista, ma è saggio fare provvista di umiltà.

Hai detto: senza le fotografe saremmo state diverse? Quanto diverse?

Non ho partecipato all'intero shooting. Il secondo giorno dovevo andare a Bonn per il sessantesimo compleanno di una cara amica, già pianificato da tempo. Mentre sedevo sul treno quella mattina, in partenza da Berlino, mi trovavo anche in una realtà parallela.
Adesso tu saresti passata a prendere un'altra, come eri passata da me il giorno prima, insieme avreste attraversato la città in macchina come noi avevamo fatto un'infinità di volte parlando, analizzando, ridendo. Adesso anche le altre donne sarebbero arrivate alla location. Vi vedevo abbracciarvi, appendere i cappotti, prendere posto al trucco e parrucco o alla manicure sul lato del salone. Immaginavo le vostre facce nella lunga fila di specchi a tre ante tempestati di luci, il genere di specchio che di solito si trova nei camerini dei teatri o sui set dei film, definito «specchio vanità» nella vendita al dettaglio.

Perché la vanità è associata così fortemente agli specchi, e gli specchi alle donne, malgrado Narciso sia una delle figure più celebri perse per sempre nel suo riflesso? La vanità, comunque, non solo è sottintesa quando ci si studia allo specchio, ma è anche in una certa maniera di guardare, nell'attitudine, specchio o non specchio. La vanità è un interesse per se stessi disinteressato agli altri. Tutti possiamo dichiararci più o meno colpevoli di questi momenti, ma chi è stato più colpevole più a lungo? Imperialisti? Capitalisti? Sessisti? Razzisti? Uomini? Donne?

Il desiderio vanesio di essere in più posti contemporaneamente o di credere che la tua presenza/assenza faccia davvero la differenza, di non saper ammettere che cosa volevi davvero.

Una parte di me pensava: se sto lì meno tempo, comparirò in meno foto. Come se il valore aumentasse in diretta proporzione alla visibilità (non è così?), come se l'importanza fosse attestata solo dalla piena presenza (che fine fa il sono-in-te e tu-in-me?), come se il servizio fotografico non fosse solo un punto in un processo, ma lo stadio più importante (uscire di scena qualche volta non è forse la mossa migliore?).

Una parte di me pensava: tornando indietro cambierei qualcosa. Ora che so cosa aspettarmi sarei diversa (lo sapevi già prima). Ora sono davvero preparata (e tutte le settimane passate a prepararti?). Ora ci sono stata dentro, l'ho visto con i miei occhi (allora cosa cambieresti?). Non lo so! Qualcosa. Me stessa, forse.

A metà servizio fotografico, il giorno che ero presente, a un certo punto ho provato disagio per la vaghezza, l'ap-

parente mancanza di direzione. Tutto sembrava casuale, vano, irrecuperabile. Conoscevo questa sensazione fin troppo bene, ma quel giorno non l'avevo riconosciuta perché era travestita. Ora mi accorgo che era il dubbio che perseguita la creatività, che infesta i pensieri – a prescindere dalla convinzione, dalla dedizione. Il dubbio fa parte del processo, proprio come l'inizio e la fine.
Ti ho trovata e ho detto: perché non chiediamo a tutte quante di leggere insieme? (Non riuscivo a dimenticare quei libri! Mi aggrappavo a loro come a una stampella).
Hai detto: se vuoi farlo, avanti. Non sta a me dire che cosa fare, siamo tutte ugualmente responsabili.
E così un gruppo di noi si è raccolto attorno al tavolo ingombro degli oggetti di desiderio. Ciascuna ha scelto un libro, poi ci siamo disposte in cerchio. Hai aperto la tua copia e hai letto un paragrafo ad alta voce, come concordato. E tu hai fatto lo stesso, e tu. Mentre proseguivamo in cerchio ho sentito il conforto della familiarità.

Però ero distratta. Mi accorgevo che anche tu lo eri. Tu-io-noi continuavamo a guardarci intorno, a controllare se la macchina fotografica fosse puntata su di noi. Non lo era. Abbiamo continuato a leggere l'una per l'altra in inglese, in tedesco, in inglese. Poi tu, leggendo un libro sui crimini coloniali tedeschi in Camerun, hai detto ne**o, pronunciandolo senza pausa, una, due volte, prima che ti interrompessero.
Hai detto: potresti smettere di ripetere quella parola.
Tu, colpita, hai detto: era una citazione dell'epoca.

Tu hai detto: non c'è bisogno di riprodurre quella violenza. Dopodiché è stato persino più difficile concentrarsi, ma abbiamo percorso il cerchio finché tutte avevano letto. Poi avete chiuso i libri, li avete riposti, vi siete disperse, sollevate.

Mentre mi allontanavo da Berlino, nel secondo giorno del servizio fotografico, sentivo il richiamo delle donne. Un paio di settimane prima, altrettanto combattuta, avevo accorciato una vacanza programmata da tempo a Venezia. Da sedici anni andavamo regolarmente per la biennale d'arte, per l'architettura, per il mare e per la connessione con l'Italia, il paese dove ci eravamo conosciuti. Due mesi prima della partenza avevo scoperto che il viaggio coincideva con un incontro dove avremmo mostrato i nostri modelli femminili. Chi avevamo ammirato crescendo? Quelle figure erano cambiate nel tempo? Come? Perché? Chi era la nostra maggior fonte d'ispirazione adesso? Quella serata avrebbe avuto una componente performativa. Capii subito che non volevo perdermela, ma temevo che mio marito pensasse che la compagnia di questo gruppo di donne mi importava più della sua. Ma non era questione di compagnia più o meno desiderata, c'entravano le possibilità che sentivo aprirsi insieme alle donne. Possibilità che si configuravano in sorprendenti forme cangianti, mai incontrate altrove. Abbiamo cambiato la prenotazione.

Era una novità assoluta per me, non avevo mai contato – per non dire celebrato – le molte donne straordinarie che avevano fatto o facevano la differenza nella mia vita e nel mondo. Avremmo portato sette esempi ciascuna, ma non riuscivo a smettere di aggiungere nomi alla lista, figuriamoci ridurre la selezione. Mentre stampavo i ritratti di queste donne – figure storiche, contemporanee e familiari – mi chiedevo come sarebbe stato confrontarmi con questo compito da ragazzina, da adolescente, o anche solo cinque anni fa.

Che cos'è un modello? Una persona che ammiri e rispetti. Una persona che attraverso le sue azioni e il suo atteggiamento ti ispira a emularla. Una persona con pecche evidenti che non sminuiscono le qualità. Che cos'è un modello? Non per forza una persona che vuoi essere, ma che con il suo modo di essere allarga il campo di quel che tu-io-noi possiamo essere.

Ci siamo incontrate nella sala prove di un teatro, uno specchio correva lungo tutta la parete. Il pavimento di legno risplendeva di oro pallido, lucidato da un'infinità di scarpe in un'infinità di ore trascorse a provare passi elaborati. Ti invitava a scivolare, a volare. Ti ho guardata fare proprio così, i miei piedi fremevano per raggiungerti, ma esitavo intimidita. Poi anche tu ti sei unita, e all'improvviso eravate quattro, i vostri riflessi danzavano e ridevano, il loro fascino irresistibile si increspava lungo lo specchio e verso di me. Un attimo dopo eccomi lì, gli arti creavano forme nella stanza, la faccia splendeva di rimando a te-me-noi, accesa dalla spontaneità, dalla sensazione di libertà.

Il fervore della breve danza sulla pista da ballo è stato presto rimpiazzato dall'euforia di svelare le figure e spiegare perché fossero importanti per noi. Altri nomi emersero nel processo, le nostre scelte creavano lunghe catene di ispirazione crescente.

Ben presto lo specchio si ricoprì di volti di donne. Specchi migliori. Le immagini che avevamo portato con noi, o che avevamo stampato nella tua piccola stampante portatile, erano appese allo specchio e unite da linee zigzaganti di nastro adesivo fluorescente, che segnava le molte connessioni trovate da te-me-noi tra le varie donne, tra loro e noi, tra noi. Era come una struttura molecolare in continua trasformazione, cresceva, rispecchiando le relazioni chimiche tra la tua-mia-nostra storia e la curiosità, il mistero. Ogni volta che aggiungevi una faccia, la tua faccia si fondeva nel collage. A volte ci voleva un po' prima di ritrovarsi. Lo specchio era liquido, galleggiavi, affondavi, riemergevi. Le onde si diffondevano. Impossibile contare quante, impossibile vedere così lontano.

Rincasata da Bonn dopo ventiquattro ore, mi sentivo stordita dal jet lag – e c'era da aspettarselo, dato che ero sfrecciata tra mondi diversi per quasi tutto il tempo. Era uno sconvolgimento dei ritmi emotivi, più che biologici. Desideravo rivendicare il giorno perso alla Reinbeckhallen. Volevo viverlo per interposta persona. Da qui l'idea: avrei parlato con tutte voi, quante più possibile. Avrei partecipato raccogliendo le vostre impressioni della giornata.

Hai detto: venerdì eravamo troppo veloci per le stiliste e le fotografe. Non stavano al passo con cui cambiavamo vestiti e idee. Così il sabato ci hanno organizzato meglio per semplificare il lavoro.

Ti ho scritto – e anche a te, a te, a te e alle altre – chiedendo di parlare del servizio fotografico al telefono. Quasi tutte avete accettato. La maggior parte delle chiamate è durata un'ora. Alcune di più, altre di meno.

Hai detto: mi è piaciuta la spontaneità. C'era il tacito accordo che ci eravamo dentro insieme, anche con la rivista, che non stavamo lavorando contro.
Mi hai chiamata dall'ufficio alle otto di sera, prima di uscire. Mi hai chiamata dalle vacanze, interrompendo di tanto in tanto la conversazione per dare istruzioni ai tuoi figli su come preparare il pranzo. Mi hai chiamata dal treno e hai continuato a parlare una volta arrivata in stazione, mentre prendevi il tram verso casa.

Hai detto: mi sono sentita così in colpa quando ho capito che il mio entusiasmo e la mia curiosità avevano complicato il lavoro alle altre. Era come se venerdì avessimo impallato il sistema e sabato il sistema si fosse ricaricato, riaffermandosi rigidamente. Non potevamo nemmeno più avvicinarci all'area vestiti. Il secondo giorno la distinzione tra «noi» e «loro» era molto più netta.

Mi hai chiamato dal taxi, nel tragitto dall'aeroporto a una riunione. Mi hai chiamata la sera tardi, dopo aver messo a letto i bambini. Mi hai chiamata tra due appuntamenti, dalla tua scrivania, dove un altro telefono continuava a suonare – l'hai ignorato.

Hai detto: il tavolo degli oggetti sembrava stranamente artificioso. Avevo portato un sacco di cose, tra cui un'introduzione al postcolonialismo e una collana zulù. Volevo rimarcare un punto, credo, ma non era quello il punto della giornata.

Per un paio di settimane ho parlato con una, due, tre di voi ogni giorno. Settimane passate a ricomporre pezzo dopo pezzo le scene che avevo perso. Settimane passate a raccogliere le battute di un copione al tempo stesso familiare e nuovissimo, proprio come qualcosa è nuovissimo per te la prima volta che lo fai anche se molti altri l'hanno fatto prima. Due settimane passate a guardare uno spettacolo dove ogni personaggio era definito ma vago, dove le parti divergevano e si fondevano, dove ogni palco ruotava, la storia evolveva.

Hai detto: per me la cosa più bella è stata essere insieme a voi.

Ascoltandovi ho capito quanto poco mi fossi distaccata dal copione delle norme e aspettative sociali persino in un ambiente, e tra persone, che mi incoraggiavano apertamente a farlo. Ogni mia mossa era dettata dal copione profondamente radicato nella mia psiche, scritto in lettere antiche che scandiscono *obbedisci*, che scandiscono *compiaci*, che scandiscono *chiedi prima di fare*, che scandiscono *dai un senso.*

Hai detto: mi hanno infilata in una specie di divisa militare, una tuta da lavoro con degli stivali. Ho pensato: davvero non voglio sembrare un soldato. Mi sentivo a disagio in quell'insieme e non ero sicura che l'avrei tenuto. Poi ho raggiunto le altre ed erano così diverse, non erano per nulla militaresche e allora mi sono detta che andava bene perché non ero solo io, non era solo questo, io ero anche le altre. Non devo essere e non devo rispecchiare tutto da sola.

Il copione è la stilista che deve mostrare i capi di rinomati stilisti, di clienti paganti. Il copione è la macchina fotografica che dice *guardami*, che domanda *sei nell'inquadratura, a fuoco, al centro dell'attenzione*? Il copione è la fotografa che dice *non sorridere*, che dice *non parlare*, che dice *rifallo.*

Hai detto: la macchina fotografica si soffermava molto più spesso sulle donne giovani. Non voglio fare discriminazioni in base all'età, ma era un pregiudizio molto evidente.

Il copione è la tua psiche, è scritto a caratteri cubitali che scandiscono *sfida*, che scandiscono *gioca*, che scandiscono *osa*, che scandiscono *resisti*, che scandiscono *ama.*

Solo una di voi ha detto: a che cosa servirà? Solo una di voi ha detto: se mi citi, per favore fammi prima controllare.

Allora non sapevo che cosa avrei fatto con le vostre parole. Sapevo soltanto di dover indossare le vostre impressioni come un abito, per vedere se calzavano, come mi stavano, chi mi rendevano. E i vostri ricordi, le vostre reazioni, le vostre riflessioni hanno vestito la ferita della mia assenza – finché non è stata più una ferita, ma un supporto.

Hai detto: ancora non riesco a capirlo, che cosa verrà fuori da tutto questo?
Hai detto: è stato divertente, ma devo ammettere che il secondo giorno ero già stufa. Alla fine mi sembrava un'overdose, come quando esageri con un cibo e non puoi più vederlo. Probabilmente questa quantità di moda mi basterà per una vita intera.

Un'uscita di scena anticipata può essere una mossa (melo)drammatica, può essere pragmatica, enigmatica, diplomatica. Un'uscita può essere molte cose. In questo caso è stata prismatica: andandomene ho cercato il modo di ritornare e di raccogliere quel che mi ero persa, di sforzarmi d'essere presente in altri modi. Ho cercato e trovato le vostre voci sparse nel tempo e in uno spettro di scene, gettando riflessi come luci nei punti bui della mia immaginazione adombrata dal rimpianto.

Dopo essersi fatta ritrarre per una rivista di moda indossando un vestito di sua madre che le andava troppo grande ed era passato di moda, Virginia Woolf ha detto: ma adesso rimugino che la gente ha innumerevoli stati di coscienza e a me piacerebbe investigare la coscienza della festa, la coscienza dell'abito, ecc. Questi stati sono molto difficili [...] ma vi ritorno sempre. [...] Non riesco però ad arrivare a quello che intendo.

Hai detto: il secondo giorno una fotografa ha scattato dei primi piani. Più tardi mi sono trovata nella sua stessa navetta per l'albergo. Era seduta dietro di me e parlava con qualcuno, dicendo che quei primi piani erano stati scattati solo per far felici le donne, che non sarebbero mai apparsi in una rivista di moda. Ha detto: servivano a confortare le donne, ma erano inutili.

Ascoltando tutte voi mi sono accorta che in realtà ho deviato dal copione, perché l'ambiente era nuovo per me e c'erano molte collaboratrici. Mi è successo nei momenti di disagio e nei momenti di gioia, nei momenti in cui smettevo di ricondurre tutto a un quadro prestabilito. In quei momenti le mie mosse erano dettate dal copione della nostra psiche – collettiva, continuamente sottoscritta, sovrascritta, non scritta, riscritta da capo per scandire ogni genere di realtà, possibilità, futurità.

Judith Butler, rifacendosi a Jasbir Puar, ha detto: il punto è che «io» non è una collezione di identità bensì un'assemblea, persino un'assemblea generale, o un assemblaggio [...].

Hai detto: non mi sono mai sentita così integrata in Germania come in quei due giorni.

Hai appuntato le mie domande e hai detto: preferisco rispondere per iscritto, ti mando una mail. Hai scritto e hai spedito il messaggio. Non l'ho mai ricevuto. Nemmeno tu hai mai trovato la mail, né tra le bozze né tra gli inviati. Quando ho rimpianto le risposte perdute, hai detto: riscriverò. Non hai mai riscritto. Non potevi. Ho fantasticato spesso su quelle parole perdute, su come la storia sarebbe stata rivestita lì dentro, cosa sarebbe cambiata nella visione della tua sensibilità.

Quali erano le mie domande? Non le ricordo più. Non le ho scritte perché all'epoca erano così chiare che nemmeno per un attimo ho pensato di poterle dimenticarle. So che cominciavo sempre chiedendo: qual è stata la differenza tra i due giorni? Da lì arrivavo ad altre domande, tutte guidate dalla mia preoccupazione principale: ero con voi anche se non ero con voi? Quanto puoi essere dove non sei, condividere senza remore con chi ha di più o di meno – perché la condivisione è tutto?

A volte i «colori impossibili», come il verde rossastro o il blu giallognolo, sono visibili. Bisogna fissare, strizzare, incrociare gli occhi mentre fissi i due colori – giallo e blu oppure rosso e verde – accostati. Guardi attentamente finché i due colori si sovrappongono. Gli occhi inizieranno forse a dolorare, ad affaticarsi. Poi potresti vedere un misto dei due colori (verde per il blu e giallo, marrone per il rosso e verde) oppure una gamma di puntini di entrambi i colori, oppure potresti intravedere un «colore impossibile» sconosciuto.

In base agli studi scientifici, chi riesce a vedere il colore può immaginarlo in seguito ma non sa dargli un nome e nemmeno descriverlo.

Hai detto: smetti di pensare che tutto abbia un senso. Smetti di provare a essere perfettamente sensata.

Hélène Cixous ha detto che le piaceva pensare alla scrittura come a uno scambio, un prestito, una trasformazione permanente – anziché come autorialità. Questa idea mi ha folgorata quando l'ho letta. Mi sembrava valida per ogni sforzo creativo. Però mi chiedevo: in quale contesto, in quale compagnia, in quale economia può funzionare? Pur continuando a prendere in prestito, a scambiare, a trasformare, volevo l'attributo dell'autorialità, la validazione che tutto fosse stato raccolto e forgiato dalla mia particolare sensibilità. E poi abbiamo fatto la rivista e ho scoperto la promessa splendida, fragile, duratura, della condivisione e della cessione di autorialità.

La parrucchiera ha detto: non era un lavoro pagato. L'ho fatto per incontrare l'artista, le fotografe e le stiliste. Era un sacco di lavoro per essere non pagato, molto più del solito. Forse avevo una tariffa giornaliera, tipo cento euro. Non l'ho nemmeno chiesto al mio agente, perché una volta tassato cosa resta? Va così con la rivista.

La truccatrice ha detto: non sono pagata, coprono le mie spese di viaggio e di alloggio. Ma fa comodo sul curriculum, potrò guadagnare di più in altri lavori. La rivista è un'ottima referenza. E poi, quello che ho visto qui era così diverso dai soliti set di moda. Mi dà speranza per il mio lavoro.

Il compenso del mio pezzo per la rivista era tra i più alti che avessi mai ricevuto. Anche la mia traduttrice è stata pagata ben più della tariffa standard. Ho scritto il testo senza sapere quanto avrei ricevuto, l'avrei scritto a prescindere. Nello spirito del progetto, ho donato la somma a varie cause. Ma questo non ha dissipato il disagio e le riflessioni sulle gerarchie di valore in gioco. Eccomi di nuovo a meditare, anziché agire. Avrei dovuto dire qualcosa al resto delle donne, alle persone della rivista. Avrei dovuto assicurarmi che anche le altre donne fossero pagate – avrei potuto, insieme a tutte voi.

Il progetto non è mai *fatto*, ha detto Annie Leibovitz della serie fotografica «Women», realizzata con Susan Sontag nel 1990. Ha detto: è uno di quei progetti che non avrà mai fine.

Lo stesso si può dire per la nostra edizione della rivista. Sebbene sia stata Leibovitz in persona a riprendere in mano e continuare la storia di «Women» diciassette anni dopo, sospetto che la rivista avrà una seconda vita diversa che rifletterà la creazione a più mani.

Pensavo di dover terminare questo scritto, almeno in buona parte, prima dell'uscita del nostro numero perché credevo che avrebbe alterato la mia raccolta di impressioni, gettando una nuova luce sul processo culminato nella rivista stretta tra le mani. Poi ho visto il numero e ho capito: un cambio di prospettiva non per forza invalida le impressioni precedenti. Una storia non si racconta per forza in un'unica direzione: può essere raccontata in avanti e all'indietro, in cubi e cerchi, salti e vuoti. Può essere raccontata e riraccontata dai presenti e dagli assenti, e ogni racconto, se affrontato con sincerità, ha le sue qualità, la sua integrità.
Vedere l'edizione finale della rivista ha fatto la differenza.
Questo il cambiamento: i dubbi sono svaniti.
Questa la realizzazione: il fallimento è individuale, il trionfo collettivo.

Quando ho ricevuto l'edizione del gennaio 2020 ho passato un paio di ore con la rivista, stupendomi a ogni nuovo giro di pagina. Le mie fotografie preferite erano quelle dove non si capiva cosa stesse succedendo, dove il colore e l'ombra giocavano scherzosi e la descrizione del prodotto nell'angolo in basso a sinistra assumeva i tratti di un codice ironicamente irrilevante. Anzi, le mie preferite erano le fotografie delle vostre facce, la pura varietà di espressioni, la splendida asimmetria dei tratti nello spasimo dell'animazione. In realtà, i miei preferiti erano i testi lunghi, che aggiungevano profondità, statura, volume, tanto che aprire la rivista era come entrare in un poligono infinito. E i miei preferiti erano i meravigliosi versi di poesia, stampati su alcune pagine come etichette criptiche, il marchio di un'immaginazione selvaggia diceva «seguimi» ma faceva lo sgambetto. Un attimo! Le mie preferite erano le pagine patinate di vernice schizzata e la lucentezza, o le pagine dove l'immagine originale era sostituita da una foto per un risultato meno definito, più estroso. Le mie pagine preferite erano quelle dove quatta quatta avevi introdotto delle frasi sovversive, come *Fuori i nazisti!* sul graffito di sfondo a uno scatto. In effetti, le mie fotografie preferite erano quelle dove voltavi le spalle alla macchina fotografica o mancava la parte superiore dello scatto, dove l'immagine prendeva vita dalla ricchezza dell'interazione e non dal bisogno di riconoscimento. Ah! Le mie preferite erano tutte le fotografie nel loro insieme, la loro energia, il loro virtuosismo. Però le mie preferite tra le preferite erano le immagini ricorrenti delle mani – che si stringevano, toccavano, afferravano, cercavano, univano – e tra tutte le mani, le tue che tornavano, più e più volte, intrise di colore, che trasfiguravano l'immagine, trasformando in arte i momenti fugaci.

Ho lasciato la rivista sul tavolo, ben visibile ogni volta che passavo dalla cucina o dal salotto. Nei giorni seguenti, mi trovavo a interrompere altri gesti per rituffarmi in quel mondo di immagini, riaffiorando qualche minuto o mezz'ora dopo con una nuova ondata di sentimenti: meraviglia, riso, gratitudine, quiete. Dopo un po' ho notato una sensazione che si trascinava dietro alle altre: tristezza. Dal servizio non avevo più ripensato alle sciarpe di mia madre, ma guardando le immagini finali, l'ampio raggio della loro generosità, ho sentito risvegliarsi il fallimento dello shooting. Non mi consolava che il fallimento fosse invisibile a tutti. Mi osservava.

La mia cicatrice era lì, occupava un'intera pagina, insieme alle scarpe verde pappagallo. Ora la ferita aveva una storia nuova.

Siete persone rosa, ha detto il relatore, è così che definisco voi europei: persone rosa. Era la straordinaria battuta iniziale di una conferenza, una provocazione lanciata per rendere lampante quanto il colore e la razza siano costruzioni artificiali nate per giustificare le ambizioni imperialistiche occidentali e per scagionare la sottomissione e lo sfruttamento dei soggetti coloniali. Allora per me siete tutti rosa, ha detto l'oratore indicando il pubblico e per il resto del discorso ha continuato a usare persone rosa per riferirsi agli europei.
Più tardi al momento delle domande dal pubblico, hai detto: che cosa intende esattamente con noi europei? E allora chi si considera afropeo o indopeo o qualche altro genere di europeo? Dobbiamo essere tutti colorati da una pennellata rosa? Hai detto che l'atto storico di razzializzare alcune popolazioni è stato tremendamente doloroso e distruttivo e allora mi viene spontaneo domandarmi: è

utile riprodurre una sua versione, per quanto incomparabile, attraverso la categorizzazione degli altri per colore?

È seguito uno scambio difficile, teso, tu e l'oratore avete mantenuto toni civili ma eravate in grosso disaccordo. Dopo, in privato, hai detto: qualche mese fa, prima dell'esperienza con la rivista, non avrei parlato così in pubblico. Ma qualcosa nella connessione con le altre donne, quasi tutte sconosciute, mi ha dato coraggio. Hai detto: è così che gli uomini si sono sempre sentiti, come se avessero la schiena parata?

Mia madre ha telefonato. Aveva ricevuto per posta il numero della rivista. Ha detto: è fantastica. Ha detto: sono così fiera di te. Ha detto: voglio farla vedere a tutti. Non ha detto una parola sulle sciarpe. Né allora, né mai.
Hai detto: mio padre ha chiamato dicendo che era molto orgoglioso di me e che aveva comprato otto copie. Mai successo quando ho pubblicato la mia tesi di dottorato! Non l'aveva nemmeno letta, figuriamoci prenderne copie per tutti.
Di che cosa esattamente sono orgogliosi i genitori?
Che sei circondata da donne così, ha detto mia madre.

Hai detto: lo rifaresti?
Hai detto: sì, perché mi interessa capire in che modo potrebbe essere diverso. Perché ovviamente sarebbe diverso, no?
Hai detto: rifarei qualunque cosa insieme a voi.

Mia madre ha mostrato la rivista a Mumji, che l'ha sfogliata con aria assente, parlando dell'ultimo medicinale che le aveva dato problemi. Mia madre ha aperto la rivista su una pagina con la mia fotografia. Mumji l'ha guardata dicendo che aveva finito il contorno occhi. Erano due settimane che ne faceva a meno, ha detto, figurati! Prendi la confezione vuota quando esci, così sai quale ricomprarmi. Stavolta cerca di non sbagliare come fai sempre. Hai visto... chi è lei? mia madre indicava la mia faccia. Mumji ha guardato meglio. Ah! Finalmente aveva capito. Molto bene, ma quando pensi di ricomprarmi la crema?
Mia madre ha detto: ero furiosa, un conto è che non abbia mai visto me, ma non può non vedere le mie figlie.
Sara Ahmed ha detto: le cose succedono in base a come siamo viste; e a come non siamo viste.

I dubbi riaffiorarono. Senza togliere nulla al risultato. I dubbi animano il pensiero come la luce un dipinto su tela, conferiscono ombra e profondità ai colori della creatività. Il dubbio è la penombra del verde sul bordo del limone blu, il sussurro del mistero, la promessa di continuità.

Perché volevo così disperatamente che le sciarpe di mia madre figurassero nella rivista? Le avrebbe rese più preziose ai miei occhi? No. Ma le avrebbe rese più preziose ai suoi. Attenzione e legittimazione dopo le lunghe ore di lavoro.

Lo sguardo di mia madre è stato alterato da una degenerazione molecolare, una patologia legata all'età che compromette la vista. Nel suo campo visivo aleggia un pulviscolo, le linee rette diventano sinuose, le lettere sfocate. Ha dovuto operarsi a entrambi gli occhi per evitare un ulteriore peggioramento, ma gli effetti collaterali di quelle operazioni hanno reso necessarie altre operazioni. A volte avevo l'impressione che mia madre fosse eternamente in convalescenza o si stesse preparando per la terapia successiva. I suoi occhi sono diventati estremamente sensibili alla luce, non sopportano lo sforzo di osservare intensamente qualcosa – una pagina scritta, uno schermo, uno scampolo di seta che desidera un'altra mano di pittura. Mia madre teneva le tende tirate nel suo appartamento, indossava occhiali da sole quasi tutto il tempo, persino al chiuso, avvolgeva il mondo in una tinta grigio-nera. Quando andavamo a trovarla e accendevamo sbadatamente la luce, sfoggiava un cappello per proteggersi dal chiarore. Si possono prendere queste accortezze per gli occhi, ma come ripararsi dall'introspezione, da quei bagliori che illuminano le ombre ostinate dall'interno?

Mentre la vista di mia madre si trasformava, lo stesso succedeva alla mia, affetta da una patologia che definisco *rigenerazione oculare*. Anche la mia vista, mi accorgo, è gravemente compromessa, lo è da molto tempo, nonostante gli occhiali e le lenti a contatto che porto da quando ero bambina. Nel mio campo visivo aleggiano punti ciechi, grumi accecanti di pregiudizio che spesso nemmeno noto, malgrado deformino il mio sguardo. Guardando attraverso le lenti del femminismo all'improvviso i punti si stagliano, perforano lo sguardo con una ferocità che costringe a chiudere istintivamente gli occhi.

I nostri occhi si chiudono automaticamente per proteggerci dai pericoli percepiti. Le palpebre si chiudono di riflesso quando appare una luce intensa o un oggetto troppo ravvicinato.

Nel libro *Living a Feminist Life*, Sara Ahmed dice: la coscienza femminista può sembrare un interruttore acceso. A volte bisogna spegnerlo per sopravvivere nel nostro mondo, che non è un mondo femminista. La coscienza femminista è l'interruttore acceso di default. Adesso che ho abbottonato l'abito incredibile, in costante espansione, di tutte le vostre voci, la coscienza femminista è la posizione di default anche per me. Questo non significa che a volte non ritorni al vecchio guardaroba logoro, con i suoi pezzi immancabili – sii buona, sii piacevole, sii ubbidiente alle aspettative e alle dinamiche di vecchia data. Però quando ci casco scatta qualcosa. E se non lo noto subito, me ne accorgo dopo, come la smagliatura nei collant che vedi soltanto una volta tolti.

Ah, sbarazzarsi dell'armadio con i vestiti più desiderabili per le donne nella società! Ma sono lì da ben prima che nascessi, saranno lì ben oltre la mia dipartita. Temo non passeranno mai di moda. Ogni giorno è una lotta per staccarli dalla pelle, per strapparli o indossarli diversamente, per rivestire a nuovo la mia coscienza e meritare – per qualche istante, minuto, ora, giorno – la descrizione «femminista» nel suo senso più esatto, in evoluzione.

Quando ero bambina sognavo uno sguardo a raggi X. Volevo la capacità di vedere attraverso qualunque superficie o barriera, oggetto o persona, per sapere cosa ci fosse al-di-sotto-all'interno-al-di-là. Scrivere è stato un modo di realizzarlo: penetrare il mondo con i raggi dell'immaginazione, ri-concepire e dare forma attraverso la sostanza delle parole.

La mia preferita è una tua fotografia – gruccia in mano, capelli rossi fiammanti, labbra di un viola elettrico – dove indossi una salopette, la metà superiore arancione sfuma nel bordeaux dalla vita in giù, il tessuto stampato ovunque di lettere bianche che dicono: *Fear Not*. O forse: *Not Fear.* Indossi un paio di occhiali da vista incrinati. Ciascuna lente è tagliata a metà e poi riappiccicata un po' storta, i bordi che non combaciano. Visti attraverso le lenti, i tuoi occhi sono ingranditi, scissi, strani.
Guardando da dietro quelle lenti hai detto: era come se tutto fosse stato tagliato a zig-zag e poi rimesso insieme in modo raffazzonato. Guardavi il mondo come se fosse stato squarciato e riparato, le piccole discrepanze nella riparazione visibili attraverso lo squarcio.

Che aspetto avrei senza le vostre voci? Come mi sentirei senza potermi tuffare nel guardaroba dei vostri sguardi? Fin dove tesserei la tela dei miei pensieri senza la seta dei vostri? La partecipazione all'esperienza della rivista sarebbe stata così fragile senza i fermagli della vostra percezione ad assicurare la mia, a confezionare i giorni in una raccolta di impressioni da indossare e rindossare, da condividere.

All'inizio ci avevano dato carta bianca per una sezione di sessanta pagine della rivista. Alla fine ne abbiamo occupate centootto.

La vista può ingannarti, può disfarti. Eppure continui a guardare, in cerca delle situazioni dove la vista può affermarti, estenderti, liberarti. L'ho imparato e rimparato attraverso la scrittura. Lo imparo ancora e ancora e ancora attraverso il femminismo. L'ho imparato attraverso di te.

Ultimi volumi pubblicati

Italo Svevo, *Lettere*
Enrico Sibilla, *Aurora Liminalis*
Francesca Coppola, *Astrologia quotidiana*
Gastón Fournier-Facio (a cura di), *Il canto dell'anima*
Lorenzo Renzi, *Lettere della Grande Guerra*
Laura Pugno, *Mappa immaginaria della poesia italiana contemporanea*
Peppino Ortoleva, *Il secolo dei media*
Joan Didion, *Prendila così*
Joan Didion, *Il suo ultimo desiderio*
Lettere della famiglia Mozart. I primi viaggi e il Grand Tour in Europa
S. Sambati e C. Trotto (a cura di), *SOUQ 2021. Fratelli (quasi) tutti*
John Berger, *Questione di sguardi*
Rowan Hooper, *Come spendere mille miliardi di dollari*
Claude Lévi-Strauss, *Antropologia strutturale zero*
Peter Mendelsund, *Delivery*
Janna Levin, *Manuale di sopravvivenza ai buchi neri*
Andrea De Spirt, *Ogni creatura è un'isola*
Edward White, *Le dodici vite di Alfred Hitchcock*
Henry James, *La bestia nella giungla*
Alessandro Paolucci, *Storia stupefacente della filosofia*
Joseph Henrich, *WEIRD*
Andrea Esposito (a cura di), *I racconti dell'apocalisse*
Ivan Talarico e Federica Graziani (a cura di), *Letteratura d'evasione*
Jean-Paul Manganaro, *Oratorio Carmelo Bene*
Helen McClory, *Una storia di fantasmi*
Kate Lister, *Sesso*
Nicola Nurra, *Plasticene*
Gianni Cuperlo, *Rinascimento europeo*
Sabrina Mugnos, *Atlante del Grande Nord*
Tibor Déry, *Il signor A.G. nella città di X*
Miranda Rose Hall, *Uno spettacolo per chi vive in tempi di estinzione*
Pierre Bourdieu, *Le regole dell'arte*

FSC
www.fsc.org
MISTO
Carta
da fonti gestite in
maniera responsabile
FSC® C018150

Finito di stampare nel febbraio 2022
presso Galli Thierry stampa, Milano